国家自然科学基金资助

（批准号：70972089）

Learning beyond Industrial Cluster and
Sustainable Growth
of Cluster Firms:

A Study from the Innovation Search Perspective

超集群学习与集群企业持续成长机制：

创新搜寻视角的研究

邬爱其　方仙成　/著

GD　01903631

ZHEJIANG UNIVERSITY PRESS

浙江大学出版社

前　言

改革开放以来,我国的产业集群快速兴起和发展,并对我国的经济发展起到了重要的推动作用。从传统产业到新兴产业,从东部沿海到中西部,这些行业领域多样、地理覆盖广阔的产业集群已经成了国内区域经济发展的重要组织形式与载体。但与此同时,"在全球价值链中处于中低附加值环节"、"技术能力较低"、"国际竞争力较低"成了大部分产业集群的共同特征。因此,探究实现产业集群的升级以及集群企业持续成长之道成了产业界和学术界共同关注的重点话题。

近年来,随着开放式创新模式的广泛推动和实践,超集群学习作为一个新兴的概念,逐渐成了学术研究的一个重要方向。超集群学习突破了集群学习限于本区域和本行业的边界,跨区域和行业边界进行学习,其对集群企业创新与成长产生了深刻的影响。针对产业集群升级的现状,本书在已有关于集群学习和集群企业升级研究的基础上,系统地吸收集群理论、组织学习理论、生命周期理论和创新搜寻理论等相关领域的研究成果,以浙江省集群企业为研究对象,试图回答"集群企业如何通过超集群学习来实现持续成长"这一核心问题,以期形成一定的学术贡献,对政府政策制定提供有益的经验依据。具体的,为了深入分析超集群学习模式和企业成长阶段之间的动态匹配这一关键问题。组织学习是一个动态过程,我们引入知识搜寻这一关键学习环节,打开学习的过程黑箱,并且将研究问题进一步细化,如基于区域创新网络的本地学习如何影响集群企业创新和持续成长? 基于全球价值链的外地学习如何影响集群企业的创新和持续成长? 由于本地学习和外地学习的作用各有不同,那么,集群企业如何平衡这两种学习模式以支持集群企业的创新和持续成长? 对这些问题的系统解答,虽十分困难,但在学术进展和实践策略上都有具体价值。

　　本书采用规范分析和实证研究相结合的方法,试图对上述问题进行较为全面和系统的研究。主要得出了以下结论:第一,集群企业的创新与成长同时依赖着来自区域创新网络和全球价值链的知识源,但不同知识源提供了对企业创新而言重要性不等的知识。第二,由于不同成长阶段的集群企业在创新和发展中面临着不同的任务,而不同的区域创新网络和全球价值链节点可以提供不同品质的知识。研究发现,区域创新网络和全球价值链与集群企业不同成长阶段存在着一定的动态匹配关系,这可以为集群企业实现持续成长提供策略依据。第三,提升企业国际市场竞争力是区域集群企业实现转型升级的关键所在,学习则是集群企业提升国际市场绩效的重要动力,但是,不同学习导向对集群企业国际市场绩效有不同影响。所以,客观评价本地和外地探索性学习、本地和外地利用性学习这四种学习模式的作用差别,才能真正推进集群企业通过采用高效的创新搜寻战略来实现持续成长。第四,集群企业的六种不同的搜寻方式,即搜寻本地合作者知识、本地竞争者知识、本地产业外组织知识、外地合作者知识、外地竞争者知识和外地产业外组织知识等六类知识，由于搜索到了不同类型的知识，因而它们对集群企业创新产生差异化的影响。所以，从知识内容角度来理解本地学习和外地学习的重要性十分关键，而不是仅仅关注知识所存在的地理空间和产业空间。从"到哪里学习"转向"学习什么"无疑是一种重要转变，无论是学术研究还是企业实践。第五，集群企业在从本地搜寻不同来源的知识与从外地搜寻不同来源的知识上保持的匹配均衡和联合均衡对企业创新绩效有着不同的影响。所以，集群企业不仅要关注到平衡多种学习模式的重要性，还要深入了解不同平衡的实质差异及其影响。

我们的研究形成了一些有创新意义的研究结论，主要包括：第一，结合产业集群、组织学习、知识管理等多领域的知识，通过解析超集群学习的内涵特征，根据"地理—产业"两维矩阵架构划分超集群学习的模式，这有助于创新和丰富集群企业的学习机制和模式理论。第二，探究集群企业的超集群学习模式与成长阶段之间的动态匹配机制。基于理论分析和经验研究，我们发现集群企业的超集群学习模式与成长阶段之间存在着动态匹配关系。这有助于丰富企业成长阶段决定因素理论。

在全球化和产业升级的宏观背景之下，对超集群学习和集群企业持续成长的研究显得尤为必要。国内外的相关研究也在不断地发展和完善之中。受到时间、数据、研究能力等多方面的限制，虽然本书从创新搜寻角度研究了超集群学习对集群企业持续成长的影响，但本书的研究也还只是初步的，还有许多不足之处需要克服和完善。更多的研究问题需要深入实践去发现，需要运用跨学科的理论知识和工具来分析和解决。

目　录

━━▶| 表目录

图目录

第 1 章　引　言

1.1　研究背景

1.1.1　产业集群已成为我国区域经济发展的重要组织形式与载体

改革开放以来,我国产业集群快速发展,覆盖了纺织、服装、皮革等大部分传统行业,在信息技术、生物工程、新材料等高新技术领域也加速发展。目前,我国东部沿海省市产业集群创造了本区域 50％以上的工业增加值,中西部地区产业集群发展迅速,东北地区装备制造业集群优势日益显现,产业集群已成为我国区域经济发展的重要组织形式与载体,支持着我国迈向世界制造业中心。尤其在浙江省,已经形成了数百个产业集群,多个产业集群在国内甚至全球范围内都具有重要影响力。如绍兴轻纺、海宁皮革、永康小五金、慈溪家电、大唐袜业、嵊州领带等都是拥有国际影响力的产业集群。

近年来,我国各地又涌现出一大批新兴的产业集群,如新能源产业集群和新材料产业集群。这些产业集群的快速兴起,既有市场需求快速启动的原因,很大程度上也是各级政府部门引导和鼓励的结果。地方政府希望通过发展战略性新兴产业集群来形成和增强区域经济的竞争力。

1.1.2 实现产业集群升级已成为保障我国区域经济持续发展的重要任务

我国大部分产业集群属于传统产业,集群企业大多是中小企业,产业和企业的技术能力与创新能力都较低,处于全球价值链的中低附加值环节。在产业国际转移加快、高级生产要素成为产业竞争优势的关键、"新竞争"格局不断深化等背景下,我国许多产业集群正面临着升级的机会与压力。加快实现产业集群升级,已成为保障我国区域经济持续发展的关键和重要任务。如在浙江省,以产业集群为主导模式的区域经济模式经过了前期快速成长之后,在 2008 年全球金融危机以来面临着极其严峻的转型升级压力,一些外向型的产业集群正遭受着艰巨的持续发展考验。

近年来,全球经济复苏尚未起色,中国的许多传统产业集群企业的出口市场压力很大,同时,这些习惯于出口业务的集群企业缺乏必要的国内业务渠道和经验,市场开拓面临严峻挑战。对于开拓国内外市场,产品创新成为一个重要策略。此时,集群企业就需要根据产品创新的需要来搜寻所需的各种知识。只有增强了企业的创新能力,才能够为企业的持续成长提供强有力的动力和保障,进而为区域经济的持续较快发展提供基础。

1.1.3 超集群学习为集群企业持续成长和产业集群升级提供了重要动力

集群企业通过本地网络进行的集群学习,有助于增强企业的创新能力和成长能力,推动了我国许多产业集群的兴起和发展。但随着全球化竞合和网络化创新的不断深化,集群学习无法为企业持续成长提供支持,导致绍兴纺织、织里童装等许多集群出现了本地网络锁定和地方性知识冗余等问题,产业集群升级困难。而超越集群边界的外向学习(超集群学习),促使各种新的外部知识不断引入集群,成为促进企业持续成长和集群升级发展的重要动力。如正泰、卡森、巴贝等一批企业的超集群学习行为,为柳市低压电器、海宁皮革、嵊州领带等集群的升级发展等提供了强有力的动力支持。

超集群学习的重要环节在于知识搜寻或创新搜寻,因为如何有效搜寻到集群企业所需的知识成为企业学习的关键所在。创新搜寻是一种集群企业的主动性的战略行为,也存在多种模式。但总体上,创新搜寻通过获取集群企业创新所需的各种知识来支持企业的创新活动,增强企业的创新能力,进而支持集群企业的持续成长。需要强调的是,尽管影响集群企业持续成长的因素有很多,但创新能力是其中最为关键的因素。所以,通过增强企业的创新能力来形成和增强集群企业的持续成长能力是有效的路径。

1.1.4 高效开展超集群学习在集群企业持续成长中面临着模式演进和动态匹配的挑战

实现集群企业持续成长和产业集群升级,需要发挥超集群学习的重要作用,需要规避非效率学习带来的知识冗余和消化不足等问题。集群企业通过超集群学习所获取新的外部知识,是企业创新和成长的重要基础。由于学习对象和学习距离的不同,集群企业的超集群学习行为表现出不同的模式,不同的超集群学习模式,帮助企业获取不同数量、不同类型的知识。集群企业持续成长的不同阶段,需要不同数量和不同类型的知识。同时,不同的超集群学习模式是以集群企业特定成长阶段的能力条件为基础的。因此,集群企业的超集群学习模式与成长阶段之间存在着动态匹配关系。正泰、卡森、巴贝等集群企业正积极开展与各自成长阶段相适应的超集群学习,不仅增强了企业的持续成长能力,还激发了其他企业的超集群学习。但在慈溪家电、永康小五金等许多集群中,一些企业没有动态调整超集群学习模式,产生了知识冗余和知识更新缓慢等问题,企业缺乏持续成长能力。所以,随着外部环境快速变化和企业进入新的成长阶段,如何实现超集群学习模式的阶段性演进和动态匹配,已成为广大集群企业共同关注的现实问题。

1.2 研究现状

1.2.1 超集群学习与集群企业成长

自 Penrose(1959)开创企业成长理论以来,企业成长机制一直是西方管理学界热衷的主题。Chandler(1962、1990)、Davidsson(1991)等学者从组织能力、企业家能力等视角对企业成长机制问题进行了深入研究,目前形成了企业内生成长、外部成长和网络化成长这三种企业成长机制理论。其中,以构建网络获取资源为特点的企业网络化成长是复杂动态的全球商业环境下企业重要的成长方式和策略（Contractor & Lorange，1988；Peng & Heath，1996；Johannisson，2000）。

集群企业大多是中小企业，表现出了典型的网络化成长特征。地理临近的相关企业、政府部门、金融机构、中介服务机构、科研院校等组织联结而成的本地网络，在促进知识扩散和集群学习方面独具优势（Maskell & Malmberg，1999；Bathelt et al.，2004）。由于地理临近和相同的制度背景，集群企业容易开展基于本地网络的集群学习，这便利了默会知识的转移和共享，对集群企业的创新和成长起着决定性作用（Gordon & McCann，2000）。所以，现有研究都强调了集群学习的重要性，对集群学习的机制与方式进行了深入研究（Cooke，2001；Dahl & Pedersen，2004；Grabher & Ibert，2006）。

但是，近年来各地集群企业不断出现被本地网络锁定、外迁发展、衰退等现象，企业持续成长面临瓶颈（Andersen，2006）。与此同时，在美国、印度等世界各地的各类产业集群中，通过非本地学习实现持续成长的成功企业不断涌现（Maskell et al.，2006；Chaminade & Vang，2008）。相关研究开始指出，集群学习和本地知识对企业成长的作用被高估了，集群外学习和非本地知识的作用被忽视了（Bathelt et al.，2004；Boschma & Ter Wal，2007）。主要理由是：第一，发达国家集群企业的持续成长不仅得益于高水平的集群学习，跨区域、跨国的学习也至关重要（Gertler & Levitte，2005），而发展中国家集群内缺少知识源和高水平的集群学习（UNIDO，2001），企业成长主要依赖跨国公司（Asheim & Vang，2006）；第二，高水平的集群学习有助于企业创新，但也容易导致企业被本地网络锁定，集群外联系才是企业成长的关键（Krafft，2004）；第三，对创新尤为重要的默会知

识是超地方分布的,能够在全球范围内被转移(Faulconbridge,
2006),所以,集群企业没有必要限于本地学习(Amin & Cohendet,
2004;Giuliani & Bell,2005)。而且,集群的地理范围可以扩展到一
个国家、几个相邻的国家(Porter,2000)。事实上,很少有研究证实本
地网络在集群企业成长中比非本地网络更重要,过于强调集群学习
已受到越来越多的质疑(Bathelt,2001;Hendry & Brown,2006)。

　　于是,越来越多的研究开始强调集群外学习的重要性,认为集群
企业应认识到企业成长本质上就是一个企业内外部知识互动的过程
(Laursen et al.,1999),是一个跨越企业边界甚至国界的学习过程
(Nooteboom,2000),外部知识是企业持续成长的关键,如何获取外
部知识应作为企业战略决策的重要考量(Cassiman & Veugelers,
2002;Escribano et al.,2009)。尤其对于发展中国家的集群企业,大
多嵌入于全球价值链的低端,面临着严峻的成长压力,更需要连接外
部的知识源(Schmitz,2006;Pietrobello & Rabellotti,2007)。学者
们最近提出了非本地学习、跨本地学习、超本地学习、全球管道学习、
集群边界学习、集群外学习、跨集群学习等一系列概念,它们被认为
是获取、积累和转化外部知识的有效途径(Bathelt et al.,2004;Amin
& Cohendet,2004)。尽管这些概念的称谓和范畴不尽相同,但它们
都不同程度地强调了向集群所在地的非相关企业和组织、集群所在
地之外的相关企业和组织以及非相关企业和组织进行学习。这与以
地理临近和产业相关为特征的"集群学习"不同,可以命名为"超集群
学习"(Visser & Atzema,2007)。

　　超集群学习具有典型的开放式探索性学习特征,与集群学习功
能互补,有助于集群企业发现、获取和转化有价值的外部知识,促进
企业持续成长(Zucchella,2006)。与集群学习侧重转移和共享本地

知识和促进企业渐进式创新(Nonaka et al.，2000)不同，超集群学习更重视整合多种情境下的新知识，不仅为企业创新尤其是激变式创新提供关键性知识，还有助于激活和增强集群学习，使集群企业受益更多(Oerlemans & Meeus，2005)。对世界各地不同集群的研究表明，集群学习对集群早期发展影响重大，超集群学习则是集群持续发展和规避风险的关键(Bresnahan et al.，2001)。意大利的经验还表明，集群学习大多是对已有本地知识的利用性学习，超集群学习重视对全球知识的探索性学习，后者要求企业不断寻求、发现、实验和使用新知识，对于持续激发和促进企业的创新与持续成长更为关键(Corso et al.，2003；Belussi et al.，2006)。

　　超集群学习可以采取丰富多样的方式，主要包括 FDI、战略联盟、购并、特许经营、远距离 KIBS、劳动力流动、反向工程、国际贸易会等(Maruseth & Verspagen，2002；Gong & Keller，2003；Niosi & Zhegu，2005；Gammelaard，2005)。它们主要通过交易性和非交易性、正式和非正式两大联结机制形成和增强的，而且，非正式的非交易性联结机制对于促进发展中国家的超集群学习十分有效，交易性联结机制的作用有限，但两者不是替代而是互补关系(Fagerberg & Verspagen，2002；Schmitz，2004；Chen，2008)。Bogenreider 和 Nooteboom (2004)等学者的学习模式分类研究推进了理论创新与深化。Visser 和 Atzema(2007)从地理和联结机制两个维度组合出了超集群学习的四类模式，即区域内的交易性学习和非交易性学习、区域外的交易性学习和非交易性学习，认为不同模式有助于企业获取不同数量和不同类型的知识。尽管这种分类方法还不尽完善，如未考虑产业维度导致对学习对象界定不清，但为后续相关研究提供了框架基础。

　　成功开展超集群学习需要一定的条件,包括信任、吸收能力、网络技术、知识结构、社会资本、知识保护等(Nooteboom,2000;Nonaka et al.,2000;Lechner & Dowling,2004;Albino et al.,2007)。其中,吸收能力是一个重要因素,具有调节作用(Giuliani & Bell,2005;Boschma & Ter Wal,2007;Escribano et al.,2009)。这些条件大多与企业的特定能力紧密相关(Boschma,2005;Knoben & Oerlemans,2006)。企业的特定能力是随着企业的阶段性成长而不断形成和增强的,企业成长的四阶段模型(Steinmetz,1969)、五阶段模型(Churchill & Lewis,1983)等企业生命周期理论为此提供了有力的理论基础。这意味着不同成长阶段的企业可以采取不同的超集群学习模式。根据企业知识基础观和企业生命周期理论,集群企业在不同成长阶段需要不同数量和不同类型的知识(Zhao & Aram,1995;Laursen et al.,1999)。不同的超集群学习模式可以提供不同的知识(Visser & Atzema,2007)。这就意味着集群企业需要而且可以根据不同的成长阶段采取不同的超集群学习模式以获取不同的知识,否则会产生因知识不足引致的锁定效应和因知识冗余引致的混乱问题(Nooteboom,2000;Boschma & Wenting,2007)。因此,集群企业持续成长对超集群学习模式提出了阶段演进和动态匹配的要求。

　　现有研究开始关注企业学习模式与企业成长的动态匹配问题,尽管还很少直接将超集群学习模式与企业成长阶段动态结合。基于企业知识基础观的研究认为,利用性学习与企业渐进式成长相适应,探索性学习与企业转型式成长相对应(Liao et al.,2003;Corso et al.,2003)。企业成长正是一个从渐进式扩张迈向转型式成长的过程。所以,这意味着企业持续成长需要实现从利用性学习模式到探索性学习模式的转变。集群领域的研究指出,传统制造业、资源型产业、复杂生产系统以及专业化供应商这四类不同集群中,企业成长模式不同,采取的学习模式也应不同(Giuliani et al.,2005)。据此对印尼家具、中国台湾花卉、泰国汽车和印度 IT 四个集群的比较研究发现,企业特定的学习模式与特定的成长战略之间存在匹配关系(Chaminade & Vang,2006)。基于演化理论的研究还指出,由于企业、产业与网络三者在空间上共同演化,随着产业的阶段性演进,集群企业需要将默会知识导向的学习模式演进到编码知识导向的学习模式,这也是依赖于默会知识的中小企业成长为倾向于编码知识学习的大企业的过程(Boschma & Ter Wal,2007)。这种实证主义导向、从知识和学习角度探究集群企业网络化成长机制的研究思路和方法,虽然在理论完善性和可操作性方面还远未成熟,但据此研究集群企业持续成长问题正受到西方经济管理学界的推崇与实践。

目前国内对超集群学习与集群企业持续成长问题的研究还显不足。王缉慈(2001)在国内率先对集群的概念、形成机理等相关问题进行了系统性阐述。此后,学者们对本地网络、集群学习及其对企业成长的影响开展了一系列研究。如李新春(2002)研究了企业集群化成长中的资源获取与创造过程问题;毛蕴诗、周燕(2002)以及卢伟航(2004)以硅谷机制为对象,深入分析了本地网络对企业高速成长的影响;邬爱其(2006、2007、2008)对集群企业网络化成长中本地网络的作用及其构建问题进行了一系列实证研究,还实证检验了集群企业的本地网络与成长阶段的动态匹配关系。魏江、申军(2003)在国内较早地研究了集群学习问题,认为集群学习是一定条件基础上的集群成员和个人通过相互协调行动以寻求解决问题时产生知识积累和转移的社会化过程,该学习模式跨企业边界但限于集群边界之内。他们(2003、2004)还从知识观角度划分了集群学习模式的类型,提出了集群学习机制的三层次分析框架；蔡宁、吴结兵（2005）将集群内的学习分为自觉性与结构性两类，构建了知识、学习与网络式创新能力间的关系模型，认为集体学习是集群网络式创新的实现途径。近年来，一些研究开始认识到集群学习的不足，尝试拓展集群学习概念的内涵。如韩晶、王迎军（2005）和徐碧祥等（2006）等将集群学习分为集群内部学习和外部学习；李婷、陈向东（2006）认为，随着集群的逐渐成熟，集群学习模式趋于多样化，不同学习模式适合于不同类型的集群和企业；毛凯军等（2007）通过对东莞和台州两地集群的实证研究后提出了外向型技术学习模式；吴波等（2008）的实证研究也证明，龙头企业带动下的集群学习对本地中小企业成长的带动作用很有限，广大中小企业应该积极开展集群外的学习。这些不同学科、不同理论视角的研究强调了本地网络、集群学习对企业成长的影响，丰富了集群企业成长理论，并已产生了较明显的实践指导作用。尽管现有研究开始意识到过于强调集群学习的不足，但相关研究尚未提出和引入超集群学习概念，也就无法深入研究超集群学习对集群企业成长的影响。

但从整体上看，国内现有研究尚缺少超集群学习影响集群企业成长的系统研究，集群企业网络化成长机制研究与国际研究进展存在较大差距，目前至少以下几个方面还需加强：第一，在理论层次上集群企业网络化成长机制研究仍过于强调集群学习的重要性，超集群学习概念尚未提出和引入，超集群学习的作用未得到足够重视，集群企业的超集群学习模式与成长阶段间的动态匹配关系研究还属空白；第二，在研究方法上大多以规范性方法为主，还很少采用内容分析、统计分析、案例研究相结合方法对大样本调查企业进行实证研究；第三，在实践层次上大多限于在静态或较短时间层面上论述集群企业成长问题，还很少从超集群学习模式演进视角研究集群企业持续成长问题,还无法从知识、学习等层面为促进我国集群企业持续成长提供针对性强的对策建议。

1.2.2　创新搜寻与集群企业创新

集群企业如何进行升级这一问题不仅是实业界探讨的重点话题,也引起了学术界多个领域的关注,包括经济学、管理学,等等。集群企业升级的核心在于提升其创新能力,而创新能力的增强关键在于企业开展有效的学习,学习的一个重要环节则在于获取创新所需的知识,即创新搜寻。

所以,总体上,组织学习理论和创新搜寻理论为我们解决集群企业升级研究中区域创新系统视角和全球价值链视角研究的不足提供了较好的理论切入点:①一般而言,集群企业升级是指集群企业从低附加价值的活动转向高附加价值的活动而达到升级(Humphrey &Schmitz,2000)。本章以组织学习理论和知识基础观为基础,从"知识"和"学习"的角度来看待集群企业的升级问题——企业要想实现升级的目标,首先是要能够获取有助于实现其创新目标的知识,然后促进知识的创新并使这些知识能够有效地被组织传播、记忆和运用。②以创新搜寻理论为研究的理论依据,并从三个方面考虑构建本章的研究框架。第一,从基于地理边界的搜寻模式分析集群企业的本地搜寻和外地搜寻对集群企业创新绩效的影响。第二,产业内企业和产业外组织在知识结构和能力上是不一样的,同时,产业内的纵向合作企业在知识结构和能力上是互补的,而横向竞争企业具有相似的知识结构和能力(Maskell,2001;Phene,2006)。因此,本章根据产业组织关系的特点将集群企业创新知识源首先分为来自产业内部和产业外部,其次将来自产业内部的创新源根据知识的相似性和竞争特点分为合作者和竞争者,这样就将集群企业的外部创新源分为了合作者、竞争者和产业外组织三类。第三,本研究将知识的地理边界和知识的来源进行组合分析,以探讨来自不同地区、不同来源的创新知识对于集群企业创新绩效的影响。

从世界各发展中国家已有集群企业升级的实践出发,现有对发展中国家集群企业升级进行的研究主要从两大理论视角进行切入:一个是强调本地知识对于集群企业创新影响的区域创新系统视角,另一个是重视外地知识对于集群企业创新影响的全球价值链视角(Humphrey & Schmitz,2002;邬爱其,2011)。如,刘友金和黄鲁成(2001),盖文启、王缉慈(1999)从区域创新系统视角分析了集群企业升级;Nadvia & Halderb(2005)从全球价值链角度分析了外部联系对于德国和巴基斯坦两国的医药行业集群企业的升级影响,Giuliani 等(2005)从全球价值链角度研究了拉丁美洲的集群企业升级。从实践效果来看,前者指导下的产业实践侧重培育区域内的龙头企业,但是集群企业与集群内的龙头企业、科研院校等产业集群内的相关企业进行合作容易使集群企业陷入"本地知识冗余"和"本地网络锁定"等危险境地(Boschma,Eriksson & Lindgren,2009);后者指导下的产业实践侧重引入跨国公司,但是跨国公司对当地的知识外溢有限(Pietrobello & Rabellotti,2007;吴波,2008),从而对当地集群企业的创新以及升级帮助有限。因此,两种理论视角在对集群企业的升级研究方面都无法给出有力的理论解释。

创新搜寻是组织学习过程的一部分,是一个在因果关系模糊的世界中尝试解决问题的过程(Huber,1991)。Levinthal 和 March(1993)指出,企业对新机会的学习很大程度上要受到其参与外部搜寻活动程度的影响。最初的相关研究采用搜寻范围这一概念来刻画外

部搜寻活动的程度。企业的搜寻范围分为本地搜寻和远距离搜寻，前者属于利用式学习，后者则属于探索式学习。Katila 和 Ahuja (2002)指出，尽管本地搜寻能够通过组合现有知识来创造新的知识，但远距离搜寻在知识创造方面发挥着关键作用。总体上，企业的外部创新搜寻行为越是远距离，其结果就越具创新性；相反，企业越是倾向于本地搜寻，其结果就越缺少创新性(Katila & Chen，2009)。

创新搜寻理论为我们研究集群企业升级问题提供了新的解决思路。这个理论认为，企业要想在激烈的市场竞争中通过创新来培养和保持自己的竞争优势，关键就在于搜寻到企业创新所需要的知识(Phene et al.，2006；Sidhu et al.，2007)。随着企业创新模式逐渐从封闭式创新模式转向开放式创新模式，创新搜寻引起了学术界越来越多的重视。已有学术研究认为，创新搜寻是一种为了提高企业现有知识和产品技术的问题解决活动，企业在这个活动中通过组合知识元素来解决问题，以创造新产品(Katila，2002)。

与创新搜寻的研究类似，对创新搜寻模式的研究也成了当前研究的一个热门话题。创新搜寻模式刻画了企业从某一或某些边界搜寻知识来进行创新活动，从而取得某种创新绩效(邬爱其，方仙成，2012)。这就意味着，企业创新搜寻模式是用于分析企业基于什么边界搜寻创新所需要的知识、搜寻到什么类型的知识以及这些不同类型的知识对企业创新绩效所产生的不同影响。比如，创新搜寻理论不仅提出了基于地理边界的搜寻(geographic search)的概念(Ahuja & Katila，2006；Phene et al.，2006)——我们可以据此分析集群企业搜寻本地知识和外地知识对于集群企业创新绩效的不同影响；而且创新搜寻理论也提出了专业搜寻(specialized search)的概念(Sofka & Grimpe，2010)——即企业从不同知识来源(创新源)搜寻到的知识对于企业创新绩效的影响是不一样的。那么,企业该如何搜寻来自不同地理区域、不同创新源的知识,这些不同类型的知识对于集群企业创新绩效有何影响? 这成了现有理论需要回答的问题,对这些问题的回答将有助于我们对集群企业升级的研究。

同时,在企业创新搜寻的实践中,企业可能只从单一边界搜寻某类创新所需要的知识,也可能同时从多个边界搜寻创新所需要的知识。根据已有研究,企业从不同边界搜寻到的不同类型的知识对于企业创新绩效有着不同的影响(Rosenkopf & Nerkar,2001),例如Phene等(2006)从地理边界和产业边界对组织的创新搜寻战略进行划分,利用美国生物行业的专利数据,实证研究结果表明来自不同地理边界、不同产业边界的知识对企业创新绩效的影响是不同的。因此,对于企业创新搜寻模式的研究能够更好地帮助企业取得预期的创新绩效。接下来,我们对基于地理边界的创新搜寻模式和基于知识来源的创新搜寻模式进行综述。

1. 基于地理边界的创新搜寻模式

基于地理边界的创新搜寻模式研究主要集中于研究企业搜寻本地知识和外地知识对于企业创新绩效的影响,这主要是因为地理空间的不同和知识属性的不同而导致本地知识和外地知识对企业创新的影响会有所不同。本部分首先介绍知识的情境特有性,其次分别综述学者们对于本地知识和外地知识的一些研究。

(1)知识的情境特有性

不同地域中的集群因为各集群本身的制度和法律因素、资源禀赋、技术发展阶段和人文环境等原因,都有着自己独特的运行规律,这也导致了这个集群中的知识会沿着独特的发展轨迹进行演化(Phene et al.,2006),并由此形成了集群与集群之间知识的差异。

Cantewell(1989)认为知识在不同地域中是不同的,因为知识依赖于地区特有的因素,比如已有的创新、教育系统、教育机构和公司之间的联系。因此,公司可能通过搜寻外部知识以补充已有知识库(Cantwell,1989)。王缉慈等(2003)比较分析了东莞和苏州台商 PC 产业集群,发现两个产业集群在采购和人才本地化及政府行为的规范性方面的不同导致了两地 PC 产业集群发展的一消一长;Immelt & Govindarajan 等(2009)对 GE 进行的研究发现,由于发达国家如美国和发展中国家如中国因为在经济发展条件、基础设施等不同的背景下,两国在超声波仪的发展方面存在不同:美国以绩效和特征为导向,中国以价格和可携带性为导向。同时,美国等发达国家也引进发展中国家创造出来的小型超声波仪,如 GE 实现了反向式创新。

知识在各地有不同的发展轨迹,因此,集群外的知识对于本集群来说有可能是新的。创新的组合观(Fleming,2001)认为,创新来自新知识元素的组合或者说是已有知识元素的新组合,因此来自不同地理区域中的的知识,增加了与已有知识元素进行新组合的机会。

(2)有关搜寻本地外部知识的研究

集群企业搜寻本地外部知识,意味着企业在其所在的地区内搜寻它们创新所需要的知识。搜寻本地知识对于集群企业创新的作用,已有研究给出了不同观点。

首先,学者们从地理临近的角度考虑了本地知识对于创新的积极作用。第一,地理上的临近能够促进人员的交流和沟通,从而有利于默会知识的转移(Kogut & Zander,1992;Rallet & Torre,1999)。例如,Morgan(2004)认为信息技术的发展使得可编码知识能够快速传播,但是对于模糊和复杂的默会知识来说,地理上的临近更能使它们容易被接受。因此,由于地理临近的作用,企业在本地能够搜寻到对于企业创新具有重要作用的默会知识。第二,知识的外部性是受地理限制的,离知识源越近的公司有更高的创新绩效(e.g. J et al.,1993)。Jaffe 等(1993)比较了引用专利的地理区位和被引用专利的地理区位,以此考察知识溢出在多大程度上是受地理局限的。他们的研究结果表明,国内的专利引用更可能发生在国内,即国内的创新者更容易引用国内的专利,且这种情况在本地(城市)级别更加明显。

其次,另一部分学者则认为搜寻本地知识对于企业的创新绩效的作用并不明显或者正在下降。Beugelsdijk 和 Cornet(2002)研究了地理临近对于像荷兰这样的小国家来说是否同样会促进创新进行了研究,他们以邮政编码为基础的方法来测量地理距离,实证结果显示:小的国家不支持地理上的临近促进创新,即对于荷兰来说,本地知识对于创新的作用可能不如外地知识(荷兰国外)对于企业创新的贡献。Griffith 等(2007)同样研究了地理临近对于创新是否仍然重要的问题。他们以 24 年间的 210 万个专利数据(专利来自 5 个国家)为基础进行了实证研究,结果表明,传统行业(如化学和工业工程)需要地理临近以搜寻本地知识,存在"偏袒本地(home bias)效应(即注重本地知识);而在计算机行业等现代行业中,信息能更为迅速地传播到外地,同时,随着时间的流逝,国际交流和旅游成本在降低,信息能够更加容易地跨越国家边界,地理临近对创新的积极影响在逐渐减弱。

综合上述讨论可以发现,集群企业会因为地理临近的作用而享受到知识溢出和更易吸收默会知识的好处,从而对企业的创新绩效产生积极的影响。但是,这种绩效的影响也会随着企业规模、行业类型等的不同而不同,有时甚至是负向影响企业创新。

(3)有关搜寻外地外部知识的研究

随着经济全球化和市场竞争的日趋激烈,同时由于知识的情境特有性,现有研究开始重视研究搜寻来自外地的知识对于企业创新绩效的影响。

首先,部分学者认为搜寻外地的知识对于企业创新具有积极作用。Rosenkopf 和 Almeida(2003)认为企业搜寻外地的外部知识可以为企业获取新的见解、看法等。Ahuja 和 Katila(2004)从资源基础观的视角研究了企业资源异质性的产生来源,认为企业进行地理搜寻增加了企业资源的多样性,随着外地独特的问题或者需求被解决,这些新的解决方案对于企业来说就是创新。Phene 等(2006)认为远距离知识(distant knowledge)搜寻和国外市场搜寻可以为企业的知识库带来更加新的知识,从而产生新的组合,这可能有利于企业突破性创新的产生。Frenz 和 Ietto-Gillies(2009)则认为不同地理环境中的知识为公司提供了更加多样化的知识元素,这比单纯在一个地方搜寻知识对创新绩效的正向影响更大。

其次,部分学者的实证研究结果也表明,由于企业创新搜寻的方式和程度不同,不同搜寻方式和程度对于企业创新绩效的影响也不一样。Frenz 和 Ietto-Gillies(2009)将创新知识来源分为四种:内部研发、外部购入研发、合作研发和公司内部部门之间知识转移。运用英国创新调查的数据对于英国企业的研究表明,公司机构的国际化发展对于创新绩效有正向影响,国际化的外部研发合作对于创新绩效无显著影响。即一个进入不同国家创新系统和不同环境的公司有利于企业的创新绩效,一个有更加大的国际网络的企业会有更高的创新绩效,国际外部合作对于企业的创新并无积极影响。笔者认为在创新中,跨国公司内部享有相同的组织文化,知识交换的效率比合作的效率要高;同时,知识的独占性问题也影响到了合作研发的成功性。

总体而言,随着企业的创新模式正由封闭式创新模式向开放式创新模式转变,越来越多的学者们逐渐把注意力从搜寻本地知识转向了搜寻外地知识上。搜寻外地知识对于企业创新的作用主要表现在能为企业带来多样化的知识元素和异质性的资源,这些新的知识和资源能与企业已有知识元素或者资源组合产生创新。此外,集群企业搜寻知识的方式和程度的不同会对企业创新绩效产生不同影响。

2.基于来源的创新搜寻模式

在开放式创新模式下,外部知识对企业创新的作用变得越来越重要。已有文献已经证明了企业搜寻外部知识有利于企业的创新(Rosenkopf & Nerkar,2001),同时,对于企业创新有积极影响的外部知识源包括顾客、竞争者、供应商、大学和科研机构等。Katila 和 Ahuja(2002)对创新搜寻的概念进行了初步拓展,他们提出了搜寻宽度(search scope)和搜寻深度(search depth)的概念。其中,搜寻深度指公司重复利用它已有知识的频率;搜寻宽度指公司探索新知识的宽泛程度。类似的,Laursen 和 Salter(2006)开发了搜寻宽度(search breadth)和搜寻深度(search depth)的概念来研究企业外部搜寻战略的开放性与企业创新绩效之间的关系。他们认为很多创新公司改变了以往搜寻新主意的方法,采取了开放式创新策略帮助他们实现和保持创新。其中,这里的搜寻宽度与前一个搜寻宽度类似,但是这里的搜寻深度关注外部知识源,而前一个搜寻深度更注重利用已经确立的知识基础(Sofka & Grimpe,2010)。从研究方法上来看,Laursen 和 Salter(2006)用 10 类知识源来测度宽度和深度,为后续研究提供了一条可供借鉴之路。

然而,Sofka 和 Grimpe (2010)等也指出,来自不同知识源的知识对于企业的创新作用并不是十分一致的。因此,他们在研究中提出了专业搜寻的概念,即企业的管理者在面临实际的问题时,他们会有针对性地去搜寻某一类型的知识,以解决企业创新过程中遇到的实际问题(Sofka & Grimpe,2010)。专业搜寻也得到了很多学者的研究,包括 Köhler(2009)、Kang 和 Kang(2009)等。

(1)已有关于专业搜寻的研究

根据对创新搜寻模式的文献综述,基于内容属性的创新搜寻模式包括以下两种类型:一是按照技术的相似性和非相似性来区分的对相似技术和非相似技术的搜寻;二是上文讲述的专业搜寻,即对特定内容的知识或者特定知识来源(创新源)的知识的搜寻。对已有专业搜寻的概念进行的研究分析可以发现,一部分学者根据知识在内容上的差异将知识划分为市场知识、科研知识、技术知识等(如 Sofka & Grimpe,2010;Christian Köhler,2009 等),并研究企业搜寻市场知识、科研知识和技术知识等不同内容的知识对于企业创新绩效的影响(相关实证研究见表 1-1),研究数据来源主要为国家创新调查数据和企业问卷调查数据等。此外,部分学者则根据企业外部创新源在知识结构上的差异性将这些外部创新源进行了划分,以此探讨搜寻不同外部创新源的知识对于企业创新绩效的影响。

(2)基于来源的创新搜寻模式

结合本章的研究目的,本研究主要采用根据企业外部创新源在知识结构上的差异性将这些外部创新源进行划分,即采用基于来源的创新搜寻模式,主要理由包括:①集群企业的外部创新源多种多样,包括顾客、竞争者、大学、科研机构、展会,等等,这些不同的创新源可以按照知识基的异同而归属于同一类别或者不同类别(Phene et al.,2006);②本章主要研究集群企业处理搜寻本地知识和外地知识之间的关系,因此,采用基于来源的搜寻模式可以深入分析来自不同知识源的知识对于企业创新绩效的影响。在对集群企业的外部创新

表 1-1 关于专业搜寻的实证研究

序号	作 者	专业知识类型	样 本	结 论
1	Köhler et al. (2009)	供应商知识；科研知识；市场知识	5个欧洲国家5000多家制造业和服务业公司（CIS-3）	科研知识和供应商知识有利于突破性创新，市场知识则有利于渐进性创新；服务业公司的创新主要受益于市场知识
2	Grimpe & Sofka (2009)	市场知识；技术知识	13个欧洲国家的4500家公司（CIS-3）	LMT（中低技术行业的公司）最佳搜寻的知识类型从高到低依次为：顾客知识，顾客—竞争者均衡的知识，竞争者知识；HMT（中高技术行业公司）的创新搜寻类型为：供应商知识、大学知识和大学规避型知识
3	Sofka & Grimpe (2010)	市场知识；科研知识；供应商知识	5个欧洲国家的5000多家公司（CIS-3）	内部研发投资与市场导向的搜寻战略结合起来是最有效的；技术领先的环境要求公司向外接触科研知识以获得非常新的知识，并且增强创新绩效
4	Henttonen, Ritala & Jauhiainen (2011)	市场知识；科研知识；中介知识；一般知识	芬兰的193家公司	市场知识、科研知识与中介知识对创新绩效有积极影响；一般知识与创新绩效之间是负向关系

资料来源：根据相关文献整理。

源进行分类方面，本研究首先根据集群企业的外部知识源在产业中组织之间的关系特点划分为产业内知识和产业外知识；其次，根据产业内组织之间的垂直关系或者水平关系将产业内知识划分为合作者知识（垂直关系）和竞争者知识（水平关系）（如 Phene et al.，2006；

Rosenkopf & Nerkar,2001;邬爱其,2011)。

第一,从产业组织关系特点出发进行分类方面,Phene 等(2006)根据产业内知识和产业外知识与企业现有知识是否享有相似知识基础出发,从地理边界和产业边界对组织的创新搜寻战略进行了划分,其中产业内知识是指处于同一产业的知识,它们享有共同的技术语境和共享的知识基础;产业外知识对企业来说是新的,且差异比较大的知识,同时能够使企业避免陷入相似陷阱(Ahuja & Lampert,2001)。他们利用美国生物行业的专利数据得出的研究结果表明,来自于本国、产业外知识与突破性创新之间呈倒 U 形关系,来自于国外、产业内知识对突破性创新有着积极的影响。但是,来自于国外、产业外知识对突破性创新没有显著的影响。Rosenkopf 和 Nerkar(2001)将组织的创新知识来源从组织边界和产业边界两个边界进行划分,通过对光碟技术领域的专利引用情况进行研究后发现,组织内的知识对后续技术进化的影响程度不大,组织外但属于光碟技术内的知识对光碟领域内的后续技术进化的影响较大,组织外且属光碟技术外的知识对光碟领域外的后续技术发展影响最大。

第二,在将产业内知识划分为合作者知识和竞争者知识方面。Maskell(2001)从知识基础的角度详细探讨了产业集群的横向维度和纵向维度,其中产业集群的横向维度是指聚集在一起执行相似活动(比如生产相似产品)的企业,通常是竞争者。这些横向维度上的企业能够经常、密切且无需花精力和成本地监视对方,因此不管多小的差别都会被观察到,或者被比较出来。在这种情况下,默会知识更加容易被吸收。产业集群纵向维度上的企业通常通过输入/输出的关系链接起来,如顾客、供应商等。纵向维度上的企业聚集在一起,能够因为相同的知识禀赋而使得相互之间的沟通、协调成本较小

(Eliasson,1996),并能够知晓在非集群环境中的企业的动机和诉求。通过降低协调的成本和解决信息不对称的问题,产业集群倾向于专业化并也因此获得了更加高的知识创造水平,深化了知识基。对于产业集群中组织之间的关系来说,横向竞争的企业是指拥有相似的知识、能力和掌握相似的资源的企业;纵向合作的企业是指拥有互补(complementary)的知识、能力和掌握互补的资源的企业。邬爱其(2011)在 Rosenkopf 和 Nerkar (2001)等研究的基础上,将产业内的组织关系进一步划分为垂直关系的合作者和水平关系的竞争者,由此将产业内的知识划分为了合作者知识和竞争者知识,以研究这两类的知识对于企业创新的影响。

总体而言,现有对基于来源的创新搜寻模式的研究处于起步阶段,未来还有很多需要深入研究的地方。第一,现有研究对于知识来源的类型还没有达成共识;第二,对于企业搜寻每一种知识来源的知识如何影响企业创新的内在机理也没有进行深入的分析;第三,从研究方法上来讲,现有研究方法需要突破,至少案例分析对基于来源的搜寻模式如何影响企业的创新绩效会有更多直观的解释力。因此,未来的研究有待于从以上三个方面进行深化。创新搜寻理论为深入分析集群企业的成长机制提供了可行的理论和方法依据。

第 2 章 区域创新网络、本地学习与集群企业成长

2.1 理论概述

企业集群是一组在地理上接近的相互联系的企业和关联的机构,它们同处在一个特定的产业领域,由于具有共性和互补性而联系在一起(王缉慈,2001)。波特(1998)认为,集群是某一特定领域内相互联系的、在地理位置上集中的企业和机构的集合。集群包括一系列对竞争起重要作用的、相互联系的产业和其他实体,如零部件、机器设备和服务的供应商、专用性基础设施的供应商等。与非集群企业相比,集群企业具有如下基本特征:一是分工于某一区域特色产业之中,这个产业往往在县域范围内有较完整的产业部门;二是有许多同行企业在该县域范围内共存,彼此形成竞争与合作关系;三是集群企业在本地拥有较完善的辅助性产业部门和服务机构。所以,"地理集中"和"区域创新网络"是产业集群的两个关键性特征(Scott,1992;

Porter,1998;王缉慈,2001)。

　　集群企业嵌入在特定的区域创新网络之中,区域创新网络由多种主体构成,包括相关和非相关企业、政府机构、公共服务机构等。区域创新网络成为影响集群企业行为的重要环境。所以,具体的,集群企业的成长依赖于在同一区域、同一产业的其他企业以及配套企业的资源能力;同时,政府的支持和组织、合作制度的营销、供应、融资以及设计中心等中介组织的建设也是企业成长的重要条件(李新春,2002)。也就是说,广大集群企业借助区域创新网络关系从本地的企业、机构那里涉取所需的资源,通过内外部资源的整合利用实现企业的规模扩张、组织优化、制度创新。国外大量学者指出了区域创新网络对集群企业成长的影响(Camagini,1991;Saxenian,1991)。所以,集群企业网络化成长是一种与区域创新网络内企业、机构等组织间相互依赖、相互促进的企业成长模式,企业成长很大程度上就是企业如何建立、维护、开发和利用区域创新网络关系及其资源的问题。

　　值得指出的是,区域创新网络可以促进本地合作和知识转移,成为集群企业增强创新活动的重要动力。但是,尽管集群企业高度重视基于区域创新网络的本地学习,还是出现了很多企业被区域创新网络锁定,集群企业外迁发展甚至衰退现象也经常出现(Eriksson,Lindgren & Malmberg,2008)。所以,近年来越来越多的研究开始指出,基于区域创新网络的本地学习对集群企业提高创新能力和成长能力的作用被夸大了(Asheim & Isaksen,2002;Boschma & Ter Wal,2007)。

　　企业生命周期理论是20世纪90年代以来国际上流行的一种管理理论,其核心观点是:企业像生物有机体一样,也有一个从生到死、由盛到衰的过程,而在这个过程中企业的运行会呈现出不同的特征

（邬爱其，2008）。企业成长是一个动态发展的过程，不同成长阶段面临着不同的任务和挑战，因此，集群企业在成长过程中也应该识别自身所处的成长阶段及其问题，找到匹配性的对策措施。与网络和学习领域相关的研究也关注到了网络演化与企业成长之间的关系。如Berger 等（1995）指出，企业处于一个与其他组织交互作用的开放环境中，企业和网络处于共同演化之中，这种演化为企业成长创造了机会，也就是说，以前交易关系的历史这种时间嵌入会对企业对未来的预期形成影响。Butler 和 Hansen（1991）认为网络是不断演化的，企业的网络一般存在着创业、业务起步、业务开拓三个阶段。Schutjens和 Stam（2000）研究了企业成长与网络关系时空变化之间的关系。他们得出，新建企业的销售关系更多是社会关系，随着企业成长，其主要业务关系在地域上有着持续的集聚趋势，外地的关系随着本地关系的增强而逐渐弱化。随着企业成长，企业网络从社会网络转向业务网络。但是，目前对网络演化与集群企业成长之间的关系还没有达成一致。所以，区域创新网络和全球价值链代表着不同的知识空间，不同成长阶段的集群企业对区域创新网络和全球价值链的依赖程度不同，这样，集群企业在成长过程中就需要动态调整其在区域创新网络和全球价值链中的位置。

2.2　调查发现

　　基于开放式创新调查模式，对浙江省若干典型产业集群的企业进行调查，统计分析结果显示，首先，集群企业的创新活动很重视从区域创新网络的本地供应商、本地客户或用户、本地竞争者处获取知识,也就是说,这些本地机构在集群企业的区域创新网络中发挥着最重要的作用(见图 2-1)。其中,本地客户或用户在区域创新网络的重要性比本地供应商和本地竞争者大,本地供应商在区域创新网络的重要性又比本地竞争者大。其次,本地其他行业的企业、本地面向本行业的科研机构、国内专业性会议、论坛和国内各类展销博览会四个方面对集群企业的区域创新网络有着较为重要的作用。其中,国内各类展销博览会和本地面向本行业的科研机构对集群企业的区域创新网络的影响比其他两者大。再次,本地面向其他行业的科研机构、省内大学和国内中介服务机构对于集群企业的区域创新网络的影响相对来说不如上述其他几个方面。这表明,集群企业在创新发展过程中从区域创新网络中的本地供应商、顾客、竞争对手等机构处进行本地化学习。

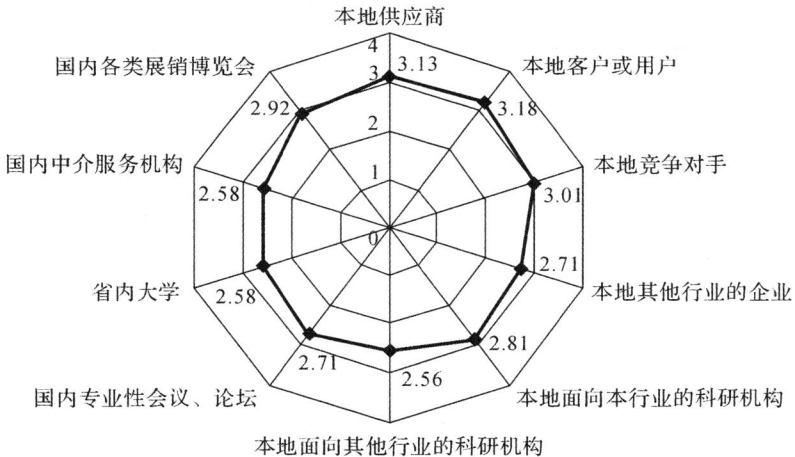

图 2-1 集群企业的区域创新网络特征

注:图中的数字表示集群企业在创新过程中对来源于该知识主体的知识的利用程度。下同。

以上是总体上集群企业利用区域创新网络来支持其创新和发展的

状况,但是,集群企业与其他企业一样也存在着生命周期即不同的成长阶段。根据现有企业成长阶段决定因素理论,我们可以预期,处于不同成长阶段的集群企业需要不同的知识,因此,不同成长阶段的集群企业对于区域创新网络的利用程度或依赖程度可能存在差别,因为不同特征的区域创新网络提供的是不同类型和数量的知识,可以与特定成长阶段的集群企业形成供需匹配。下面对不同成长阶段集群企业利用区域创新网络的特征情况进行调查分析。

需要指出的是,尽管从理论上可以说明企业存在生命周期的合理性,但现实中要准确刻画和划分企业的成长阶段是很困难的。因为企业的生命周期往往是一个逐渐演变的过程,很难非常精准地识别出企业从一个成长阶段转向另外一个成长阶段的关键点或者转折点。现有研究也认识到这方面的困难。目前,学术界比较成熟的企业生命周期阶段划分方法,也可能是最为简单的划分方法,是根据企业的年龄。总体上,企业年龄在 8 年之内被认为是新创期企业或创业期企业,8～15 年的企业可以认为是成长期企业,15 年以上的企业则为成熟期企业。

2.2.1 新创期集群企业

企业的生命周期分为不同阶段,对于新创集群企业(企业年龄在 8 年内)而言,本地客户或用户、本地供应商、本地竞争对手和国内各类展销博览会这四个方面的区域创新网络节点对新创集群企业的创新影响最大,其中本地客户或用户的作用不可忽视。本地其他行业的企业、本地面向本行业的科研机构、国内专业性会议对新创集群企业的区域创新网络的影响相对来说较为重要。本地面向其他行业的科研机构、省内大学和国内中介服务机构对于新创集群企业的区域创新网络的影响较为一般。所以,我们可以认为,与本地客户的互动是新创集群企业实现创新和成长的重要策略,这也是众多集群企业快速涌现的一大原因。因为满足本地需求可以节约新创集群企业的市场开拓成本,与本地顾客的地理临近也有助于新创集群企业更易准确理解客户的特定需求,以设计开发和生产制造出定制化的产品和服务。这一区域创新网络的优势也大大提升了新创集群企业的生存能力,该阶段的集群企业因为缺乏充足的资源和能力,很不容易在市场上立足,即著名的"新生劣势"(liability of newness)理论。具体见图2-2。

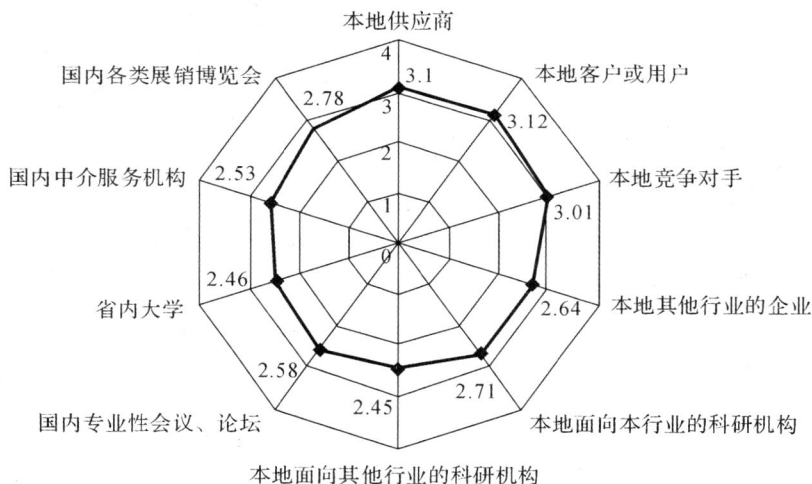

图 2-2 新创集群企业的区域创新网络

2.2.2 成长期集群企业

对于成长期集群企业(8~15年)而言,本地供应商、本地客户或用户、本地竞争对手和国内各类展销博览会这四个方面对成长期集群企业的区域创新网络的影响最大。其中,本地供应商对区域创新网络的影响是最大的,这是与新创阶段有所不同的地方,这表明成长期中本地供应商对于区域创新网络发挥着更为重要的作用；本地其他行业的企业、本地面向本行业的科研机构、国内专业性会议对成长期集群企业的区域创新网络的影响相对来说较为重要；本地面向其他行业的科研机构、省内大学和国内中介服务机构对于成长期集群企业的区域创新网络的影响较为一般。可见，成长期集群企业对区域创新网络的利用特征与新创期集群企业有所不同，其中，本地供应商对于该阶段集群企业的创新发展作用明显。成长期集群企业需要扩大生产规模，满足更大市场的需求，同时也需要提供有较高质量及高品质的产品，而这些目标的实现都在很大程度上依赖于供应商对集群企业的支持，如提供高质量的原材料和零部件，与集群企业实现高效协同以应对外部市场的灵活性和复杂性要求，否则，缺乏供应商支持的集群企业难以迅速扩大产能和提供高品质的产品。同样，本地客户也是成长期集群企业成长的一大支持，这也是产业集群提供的优势所在。具体见图 2-3。

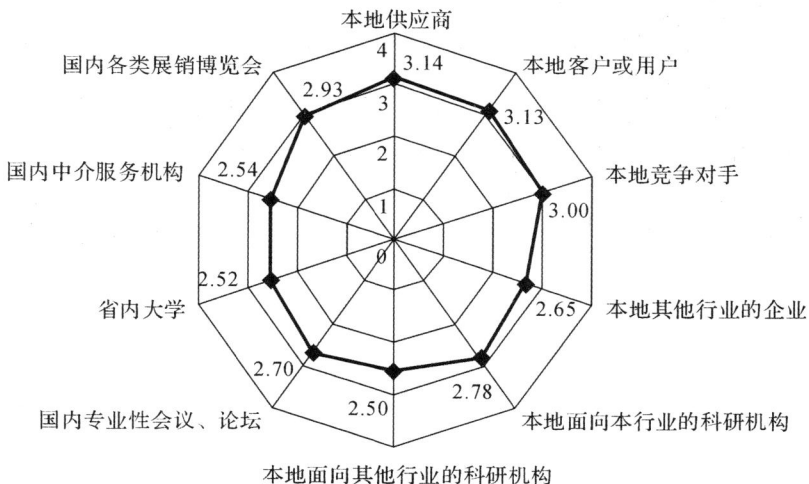

图 2-3　成长期集群企业的区域创新网络

2.2.3　成熟期集群企业

从统计结果来看,成熟期集群企业(15 年以上)的区域创新网络有着较为明显的特点。首先,各因素的均值较新创期和成长期较大,表明区域创新网络对于成熟期集群企业的创新起到的作用更为重要了。其次,这个阶段,本地客户对区域创新网络的影响依然是最大的,本地供应商、国内各类展销博览会和本地竞争对手都对集群企业的区域创新网络有着较为重要的作用。但是,在这个阶段中,本地面向本行业的科研机构的作用又表现得较为突出,这是与其他几个阶段比较不同的地方。因此,本地客户对成熟期区域创新网络的影响依然是最大的,国内中介服务机构对成熟期集群企业区域创新网络的影响最小。成熟期集群企业的主要任务是能够保持持续的创新能力,所以,区域创新网络的各个节点或机构会提供相关的支持。值得关注的是,本地面向本行业的科研机构的作用的凸显,表明这些专业性的科研机构可以为集群企业持续创新产品提供有效的支持。这些科研机构的作用是本地客户、供应商等机构所无法替代的,尽管后者还会持续对集群企业创新发展产生积极影响。有案例表明,一些重要的创新和发明需要借助了知识密集的专业研发机构。具体见图 2-4。

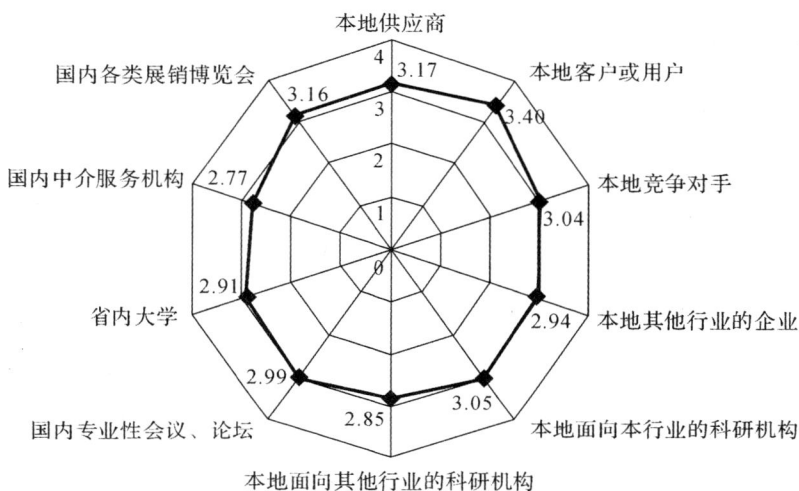

图 2-4　成熟期集群企业的区域创新网络

2.3　实证结果

2.3.1　研究假设

集群企业会搜寻本地产业内的合作者知识、竞争者知识和产业外组织的知识。这些本地知识影响着集群企业的创新绩效。已有研究表明,来自本地、不同来源的知识对于集群企业创新绩效的影响主要体现在以下几个方面:

集群企业在地理上的临近减少了企业之间人员沟通的成本,增加了企业员工之间面对面交流沟通的频率和增进了当地网络中双方的社会关系,从而有利于知识的流动(Marshall,1920;Krugman,

1990、1998；戴勇、温思雅、毛蕴诗,2011)。对于集群企业来说,搜寻创新所需的知识是需要成本的,而由于地理上的临近,集群企业的本地搜寻能够为企业较为方便地获得对于企业创新最重要的战略资源——知识。

集群企业进行本地搜寻能够使企业获得对企业创新更有作用的默会知识。Grant(1996)认为从可转移性角度来讲,显性知识和隐性知识最主要的区别在于两者的可转移性和在不同个体、空间和事件转移的机制不同,而对于模糊和复杂的默会知识来说,地理上的临近更有利于它们的转移(Morgan,2004;Kogut & Zander,1992)。因此,相对于外地搜寻来讲,集群企业在本地搜寻容易获得对创新具有重要作用的默会知识。

对于集群企业的本地创新源来说,这些企业的知识溢出更可能在地理上聚集的区域内发生(知识的外部性受地理限制),离知识源越近的公司有更高的创新绩效,因此集群企业由于地理上的临近更容易享受到知识外部性的好处,对企业的创新绩效产生正向的影响(例如,Jaffe et al., 1993;Audretsch & Feldman,1996)。由于知识的外部性作用,企业的本地搜寻使企业较为容易地获得对创新具有重要作用的知识。

集群企业在产业中有与之相关的上下游合作企业,这些企业之间构成产业中的一个垂直关系,包括集群企业的供应商、顾客等,这些合作者成了集群企业创新的一个重要知识源泉。从知识内容上来讲,从合作者处搜寻到的知识与企业已有知识是互补的关系,因此,这些互补的知识与企业已有知识结合可能会产生知识的创新(Fleming,2001)。基于此,提出如下假设:

假设1:集群企业从本地合作者处搜寻知识对企业创新绩效产生

正向影响。

企业搜寻竞争者知识可以持续监控竞争对手的动向,然后通过开发差异化的产品和营销项目(Im & Workman,2004)或者通过采用更好的有效策略来赢得市场机会。从知识内容上来讲,企业从竞争者处搜寻到的知识与企业已有的知识是相似的,因此,企业关注竞争者的知识并通过差异化等策略实现企业的创新。基于此,提出如下假设:

假设 2:集群企业从本地竞争者处搜寻知识对企业创新绩效产生正向影响。

从知识性质上来说,产业外知识对于企业来说是技术上较远的,与产业内知识缺乏共同知识基础(Phene et al. ,2006)。因此,产业外知识对于企业来说是新的和非冗余的,集群企业搜寻这些知识,可以丰富企业的知识类型和结构,有助于形成更多的创新方案和增加创新成果的类型(Colombo & Delmastro,2001;Phene et al. ,2006)。基于此,提出如下假设:

假设 3:集群企业从本地产业外组织处搜寻知识对企业创新绩效产生正向影响。

2.3.2 研究方法

依据现有研究进展,我们对主要变量采用如下方法进行测量:

产品创新绩效。在本研究中,我们用企业的产品创新绩效来反映集群企业的创新绩效,并采用 Zhang 和 Li(2010)的 5 个条款来测度集群企业的产品创新绩效,即通过让被调查者回答在以下 5 个方面本企业是否比其竞争对手要做得更好:①投放市场的新产品种类;②经常作为行业第一家投放新产品;③投放新产品的速度;④投放市场的新产品质量;⑤更善于用新产品开拓市场。每个题项都用 5 点 Likert 量表正向计分方式,1 表示某条款很不符合公司实际,3 表示比较符合公司实际,5 表示非常符合公司实际。被调查者根据公司实际情况进行填写。

本地知识搜寻类型。本书依据两方面的文献确定测量依据。第一,关于开放式创新下企业创新搜寻的知识来源,本文借鉴 Laursen & Salter (2006)、Sofka & Grimpe (2010)、Chen & Chen 等(2011)以及邬爱其(2011)等对知识源来源的测量方法,根据实际情况将集群企业的本地外部创新源分为本地供应商、本地客户、本地竞争者、本地行业的企业的知识、本地面向本行业的科研机构的知识、本地面向其他行业的科研机构的知识、本地专业性会议和论坛的消息、本地大学的科技知识、本地中介服务机构的知识以及本地各类展销博览会的消息等共 10 类,其中,这里的"本地"指集群企业所在的市以内区域。我们用"没有采用(0)—低(1)—中(2)—高(3)"的问卷要求被调查企业回答本企业从这些创新源搜寻知识的情况,0 表示本企业没有从某一类知识源搜寻创新所需要的知识,1 表示搜寻的程度较低,2 表示搜寻的程度较高,3 表示本地企业从这一类知识源搜寻创新所需知识的程度很高。第二,根据这些创新源与企业在产业链中所处的位置,参考 Rosenkopf 和 Nerkar (2001)对产业边界进行的划分、Maskell (2001)对产业集群的横向和纵向进行的划分、邬爱其(2011)对搜寻对象的划分,本书将企业的本地外部创新搜寻对象划分为合作者、竞争者和产业外企业三个部分。其中,本地合作者包括本地供应商、本地客户、本地面向本行业的科研机构知识、本地专业性会议和论坛的信息以及本地各类展销博览会的信息等 5 类;本地竞争者知识则来自于本地竞争者;本地产业外组织知识则来自于本地其他行业的企业的知识、本地面向其他行业的科研机构的知识、本地大学的科研机构的知识和本地中介服务机构的知识等 4 类。因此,我们将企业从本地合作者的 5 类企业处获得知识的情况进行加总求均值,对企业从本地产业外组织和本地竞争者处搜寻知识情况的计算依此类推。

控制变量。对不属于本书的研究范围、但有可能对企业的创新绩效产生影响的几个变量进行控制,但根据实际情况对不同的变量采取不同的测量方法。第一,对企业规模、企业年龄采用客观数据进行测量。其中,企业规模用企业员工人数的自然对数来测量,企业年龄用企业自成立之日起到问卷调查日期所经历的年数来测量。第二,对技术动态性利用 5 点量表进行测量。根据 Atuahene-Gima 和 Li(2004)的测量方法,我们要求被调查者从以下 4 个方面来回答企业所处技术的动态性:①我们行业中相当多的现有产品面临着被淘汰的危险;②我们行业的技术变化很快;③通过技术突破产生的新产品在我们行业有很多;④我们行业主要靠技术创新来发展。其中,1 表示不赞同,3 表示比较赞同,5 表示非常赞同。第三,我们创造了虚拟变量来控制调查对象所属的产业类型。我们要求被调查者填写自己所处的行业。

本研究对象为集群企业的创新搜寻行为,因此,为了保证信度和效度,本研究的问卷发放遵循如下几个基本原则:第一,所调查的对象必须是产业集群内的企业;第二,被调查者对于自己企业创新方面的情况比较了解;第三,为了保证样本的代表性和研究结果的外部效度,本研究选择了绍兴市纺织和台州市医药两个行业。为消除被调查者的心里顾虑,调查者承诺对被调查者所提供的资料进行保密,仅用于本科学研究而不做任何其他用途。

本研究的数据来源主要分为两部分:用纸质问卷进行实地调研

和用网络电子问卷进行网上调查。第一，在纸质问卷的使用方面，研究者通过实地走访绍兴市当地的纺织行业企业和台州市医药行业企业，由企业的工作人员进行填写；第二，对于网络电子问卷的使用，本研究通过"问卷星"网络平台将电子调查问卷发放给符合样本要求的研究对象在线填写，这部分的研究对象的选择是通过关键被调查人法（Kumar et al.，1993），即将问卷由研究者的同学、朋友等发送给符合本研究要求的调查对象。本研究通过网络电子平台和实地发放问卷等多种方式收集问卷数据，到 2012 年 8 月底完成数据收集工作。本研究共获得有效问卷 188 份，总回收率为 28.9%。

为了检验调查问卷的质量，本研究对因变量和部分控制变量的信度和效度进行了分析。量表的信度是衡量调查问卷可靠性和一致性的指标，量表的效度衡量的是问卷调查在多大程度上调查到了研究者真正想要调查的数据。对于量表信度的评价，目前被广泛使用的方法是由 Cronbach(1951)提出的内部一致性系数（α 系数），一般认为，α 系数在 0.7 以上则该量表的信度是可以接受的。对于效度的检验，本文主要运用因素分析法对文章因变量和部分控制变量进行检验。

首先，我们运用 Spss16.0 对因变量（产品创新绩效）、部分控制变量（技术动态性）进行信度检验，结果显示，产品创新绩效量表（包括 5 个项目）Cronbach α 系数为 0.840，处于可接受的范围内；技术动态性量表（包括 4 个项目）Cronbach α 系数为 0.718，属于可接受的范围内。

其次，我们对产品创新绩效量表和技术动态性量表进行了 KMO 测度和 Bartlett 球体检验。结果显示，产品创新绩效量表的 KMO 值为 0.842，介于 0.8~0.9，表明适合做因素分析；并且 Bartlett 球体检验结果 Sig. ＝0.00,表明本研究的数据适合做因素分析。对技术动态性量表进行的检验表明,技术动态性量表的 KMO 值为 0.689,处于可接受的范围内,Bartlett 球体检验结果为 Sig. ＝0.00。

最后,我们用主成分分析法分别对产品创新绩效和技术动态性进行因素分析。我们按照特征值法来自动确定因素的个数,并采用了主成分分析法进行因素抽取,因素分析结果显示技术动态性量表和产品创新绩效量表分别都只生成一个因子。因此,在后续的研究中,我们将采用技术动态性作为控制变量,采用产品创新绩效作为因变量。

2.3.3 数据分析

描述性统计是通过平均值和标准差来说明问卷数据的集中趋势和离散程度,相关分析旨在考察各个变量之间的相互关系。从表 2-1 中可以看出,第一,企业年龄和企业规模的均值和标准差都较大,表明问卷调查对象的企业年龄分布和企业规模分布都较广,反映数据结构较好。第二,本地的创新源(包括本地合作者、本地竞争者和本地产业外组织)的均值大于外地创新源(包括外地合作者、外地竞争者和外地产业外组织)的均值,表明现阶段集群企业进行本地创新搜寻的程度大于进行外地创新搜寻的程度。同时,6 个自变量的标准差值都在 0.57~1.0,表明所有自变量的离散程度都较小,不同企业在各个维度上的创新搜寻行为差异较小。第三,企业产品创新绩效的均值为 3.19,标准差为 0.74,对其数据分布特征进行分析,可以发现因变量数据呈正态分布,因此适合于用最小二乘法(OLS)做回归分析。第四,企业规模和技术动态性与所有的因变量和自变量显著相关,表明这两个变量有可能会对企业产品创新绩效产生一定的影响。

　　另外,本研究采用 Pearson 相关分析考察本章和第三章所涉及的因变量、自变量和控制变量的相关关系,从而为下一步的回归分析奠定基础。从表 2-1 中可以看出,因变量产品创新绩效与 6 个自变量(本地合作、本地竞争、本地业外、外地合作、外地竞争和外地业外)之间存在显著的正向相关关系,6 个自变量之间也存在一定的相关关系。为了防止多重共线性问题,本书采用 VIF 来检验变量之间的多重共线性。VIF 取值介于 1 到正无穷,一般认为 VIF<10,表明变量间不存在多重共线性问题。后续的多重共线性测试表明本章和第三章的所有变量的 VIF 值都在 1~4.5 之间,表明不存在严重的多重共线性问题。

表 2-1　变量的描述性统计和相关分析结果

变量	均值	标准差	1	2	3	4	5	6	7
1.产品创新	3.193	0.737							
2.本地合作	2.935	0.572	0.431**						
3.本地竞争	3.053	0.779	0.303**	0.419**					
4.本地业外	2.598	0.716	0.388**	0.773**	0.381**				
5.企业规模	5.393	1.289	0.334**	0.233**	0.123	0.211**			
6.企业年龄	10.043	5.442	0.250**	0.236**	0.079	0.166*	0.446**		
7.所属行业	0.532	0.500	−0.047	−0.084	0.092	−0.121	−0.175*	0.262**	
8.技术动态性	3.122	0.776	0.484**	0.343**	0.204**	0.366**	0.262**	0.302**	−0.051

注:· 表示显著性水平 $p<0.05$(双尾检验);·· 表示显著性水平 $p<0.01$(双尾检验)。

　　相关分析能够说明各个变量之间的相关程度,回归分析能够说明其中的相关关系的作用方向。本部分采用多元回归分析法对本地知识搜寻对集群企业产品创新绩效的影响作用进行回归分析,即用多元线性回归检验集群企业从本地合作者、本地竞争者、本地产业外组织处搜寻知识对集群企业创新绩效的影响作用,具体结果见表 2-2。

表 2-2 回归分析结果

	模型 1	模型 2	模型 3	模型 4	模型 5
企业年龄	0.034	0.008	0.030	0.035	0.013
企业规模	0.212***	0.182***	0.195**	0.188**	0.176**
产业类型	0.020	0.027	−0.004	0.039	0.014
技术动态性	0.419***	0.342***	0.383***	0.345***	0.331***
本地合作		0.271***			0.205*
本地竞争			0.199**		0.115+
本地业外				0.221**	0.027
F-value	17.894***	19.066***	16.988***	17.324***	14.154***
R^2	0.281	0.344	0.318	0.322	0.355
Adj. R^2	0.265	0.326	0.299	0.304	0.330

注:+ 表示显著性水平 $p < 0.1$;* 表示显著性水平 $p < 0.05$;** 表示显著性水平 $p < 0.01$;*** 表示显著性水平 $p < 0.001$(双尾检验);表格中显示的是标准化系数。

如表 2-2 所示,本书首先确定单个自变量下,自变量对于因变量的影响;其次确定每个自变量对于因变量的影响;最后确定所有自变量的情况下,每个自变量对于因变量的影响。在模型 1 中,只有所有的控制变量进行回归模型,以作为各个自变量影响因变量作用的基准模型。从回归分析结果可以看出,集群企业的企业规模和技术动态性对于企业的产品创新绩效产生显著的正向影响,因此,我们可以认为不同企业规模的企业和不同的技术动态性对于集群企业的产品创新绩效有所差异。另外,我们也加入了产业类型这一虚拟变量,以检验不同行业(纺织和医药行业)在创新搜寻上是否有所不同。实证结果表明,产业类型与企业产品创新绩效之间没有显著的相关关系,因此我们认为不同行业的本地搜寻对于集群企业产品创新绩效的影响没有显著差异。模型 2、3、4 分别检验了单个变量对于企业产品创新绩效的影响,模型 5 包含了本地搜寻的 3 个变量对于集群企业产品创新绩效的影响。

假设 1 预测集群企业从本地合作者处搜寻知识对集群企业产品创新绩效有正向影响。模型 2 在模型 1 的基础上增加了本地合作者这一变量,结果表明本地合作者对集群企业产品创新绩效产生积极影响($\beta = 0.271, p < 0.001$),而且模型 2 的 R^2 值要高于模型 1 的 R^2 值,说明模型的解释力得到了增强。在检验搜寻本地三种知识源的模型 5 中,本地合作者对集群企业产品创新绩效产生积极影响($\beta = 0.205, p = 0.038$),同时 $R^2 = 0.355$ 高于模型 1 和模型 2 的 R^2。由此,我们认为假设 1 得到了支持。

假设 2 预测集群企业从本地竞争者处搜寻知识能够对企业的创新绩效产生积极的影响。模型 3 在模型 1 的基础上加入了本地竞争者这一变量,回归分析结果表明,本地竞争者对集群企业产品创新绩效产生积极影响($\beta = 0.199, p = 0.002$)。在模型 5 中,本地竞争者对集群企业产品创新绩效的影响仍呈显著正相关($p < 0.1$)。同时,在模型 3、5 这两个模型中,后一模型的 R^2 值要高于前一个模型的 R^2 值,说明模型的解释力越来越强,也说明本地竞争者对集群企业的产品创新绩效影响是稳定的。所以我们认为假设 2 得到了实证支持。

假设 3 预测集群企业从本地产业外组织搜寻知识能够对企业的创新绩效产生积极的影响。模型 4 在模型 1 的基础上加入了本地产业外组织者这一变量,回归分析结果表明,在单个变量的环境下,本地产业外组织对集群企业产品创新绩效产生积极影响($\beta = 0.221$,

$p=0.001$);但是在多个变量条件下,本地产业外组织对集群企业产品创新绩效并没有产生积极影响。因此我们认为假设 3 没有得到实证支持。

从上述实证分析结果看,搜寻本地竞争者知识将积极影响企业的产品创新绩效,即集群企业从本地竞争者处搜寻知识的程度越大,越对企业的产品创新绩效产生积极影响。集群企业从本地产业外组织处搜寻知识对企业的产品创新绩效没有显著影响。一方面原因可能是本地产业外组织对于企业的影响是辅助性的,比如后面的访谈案例研究中的浙江敦奴集团就认为,"公司在本地招收大学生,但是公司的服装定位是 35~45 岁,刚毕业的大学生肯定是不了解这个年龄层的高级白领的消费需求的,所以公司在初期只能让他们做设计师助理,他们对公司产品创新的影响就谈不上了"。本地合作者对企业的产品创新绩效产生积极影响,但是随着自变量的逐渐增多,这一正相关的效应便不再显著,因此"积极影响"的这一结果是不稳定的。对此结果,从理论方面来分析,可能是因为随着从本地合作者处搜寻知识的深入,能够从本地搜寻到的新知识越来越少,集群企业陷入"本地知识冗余"和"本地网络锁定"等危险(Boschma,Eriksson & Lindgren,2009;邬爱其,2007),能够从本地搜寻到的创新所需的知识越来越少。

第3章 全球价值链、外地学习与集群企业成长

3.1 理论概述

随着集群内企业出现越来越多的外迁和倒闭,过去一直所强调的嵌入到集群网络中的本地学习优势已受到越来越多的学者的质疑和批评,在国外已经有大量的研究开始强调集群内企业向外部学习的重要性(Hendry & Brown,2006)。最近,学者们提出了外地学习的概念,认为这是搜寻、转移和吸收外部知识的重要方式(Bathelt et al.,2004)。事实上,知识创造需要在本地和外地联系上寻求平衡,因为全球化关系能给这个区域带来大量多样和新鲜的信息(Bathelt et al.,2004;Giuliani & Bell,2005)。

基于全球价值链视角的研究指出,将集群企业嵌入到全球价值链的体系中能让企业搜寻到产业链上其他优秀企业的新颖的实用的知识,并且通过合作来转移这些知识,从而快速有效地提高集群企业

的创新能力和竞争力(Staber,2001;Schmitz,2006)。所以,全球化对提高集群内企业创新能力的主要原因在于企业在全球化的过程中存在着一个知识吸收并再创造的过程(Zucchella,2006)。当来自区域创新网络的知识与外部可获得的知识互相融合后,就创造出了新的知识。这进而增加了企业的知识存量,有助于提高企业的创新能力和成长能力。和本地学习侧重于本地知识的转移及促进企业渐进式创新相比,全球化过程中的外地学习更重视搜寻和吸收新的市场和技术知识。后者不仅为企业创新提供关键性知识,还能激活和增强集群内的本地学习,从而使企业获得更多有用的知识(Oerlemans & Meeus,2005)。

第一,集群企业创新能力和成长能力的提高不仅得益于本地学习,跨区域、跨国的外地学习也会起到很重要的作用(Gertler & Levitte,2005)。像中国这样的发展中国家的集群企业,其本身就缺少高水平的研发投入水平,也没有高水平的本地学习,因此,集群内企业提高整体的创新能力和成长能力需要更多的是依靠嵌入在跨国公司主导的全球价值链或全球价值网中,其知识溢出对于集群企业的持续成长至关重要,而集群内的本地学习反而并没有那么大的作用(Pietrobello & Rabellotti,2007;Schmitz,2006)。

第二,虽然集群内的本地学习有助于企业创新,公司间太多的互动以及同周边公司有太多的合作会限制公司的创新潜力(Boschma,2005;Torre & Rallet,2005)。区域创新网络的危害在于过于靠近、僵化和排外。这样的集群和知识关系会对企业的竞争力造成威胁(Bathelt,Malmberg & Maskell,2004)。当公司间的关系过于紧密,公司可能会陷入过度嵌入的情况。许多国外研究都已经指出,过度嵌入的区域创新网络关系是集群中企业创新能力和竞争力衰落的根源(Uzzi,1997;Glasmeier,1991;Grabher,1993)。因为过度嵌入在区域创新网络中也容易导致企业陷入旧知识高度冗余和新知识严重匮乏的情况中,企业严重依赖集群中的共享信息,从而导致知识同质化的情况,降低企业的创新能力(Visser & Boschma,2004)。

尽管强调基于全球价值链的全球学习或非本地学习的重要性,学者们也清晰地认识到这种远距离学习的自身不足,认为在创新过程中,仍旧需要一定的本地学习。而且,作为全球化学习的重要载体,外部联系的建立和维护需要一定的时间和成本(Harrison,1992)。

3.2　调查发现

调查结果显示,集群企业也同时从全球价值链的节点处获取创新和发展所需的外部知识(见图 3-1)。在集群企业的全球价值链中,国外供应商、国外客户或用户、国外竞争对手和国外各类展销博览会在企业的全球价值链中发挥着最为重要的作用,其中又以国外客户或用户的作用最大;国外其他行业的企业,国外面向本行业的科研机构,国外专业性会议、论坛等对集群企业的全球价值链发挥着较为重要的作用;在对集群企业的全球价值链影响相对较小的三个因素中,国外面向其他行业的科研机构比国外大学和国外中介服务机构的作用相对较大。这充分说明,国外客户是发展中国家集群企业实现创新和发展的关键性外部知识源,因为集群企业的创新和发展高度依赖于国外市场的认可,否则脱离了市场需求的创新型产品也无法支持集群企业的持续发展。

国外供应商
国外各类展销博览会
国外客户或用户
国外中介服务机构
国外竞争对手
国外大学
国外其他行业的企业
国外专业性会议、论坛
国外面向本行业的科研机构
国外面向其他行业的科研机构

2.0 1.57
1.47
1.70
1.5
1.44
1.11
1.0
0.5
0
1.13
1.26
1.26
1.16
1.35

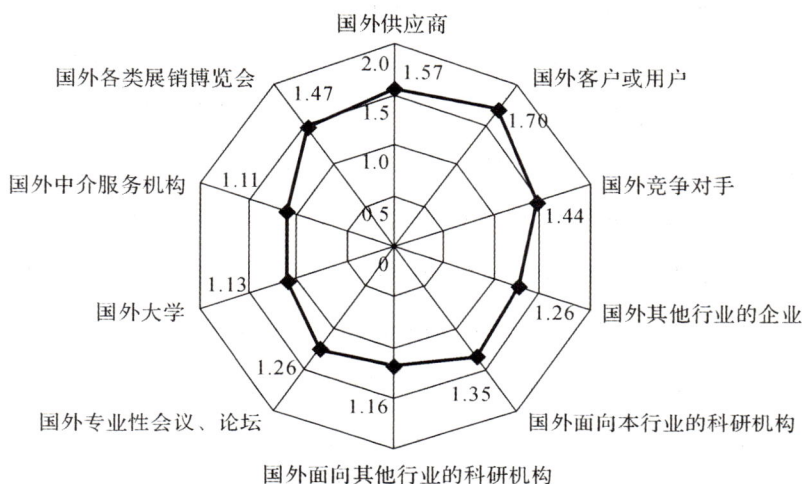

图 3-1　集群企业的全球价值链

　　针对集群企业的区域创新网络和集群企业的全球价值链的影响因素分析中可以看出，双方存在着很大的共性：①国外供应商、国外客户或用户、国外竞争对手和国外各类展销博览会对于两个方面都有着最为重要的影响，其中又以国外客户或用户的作用为甚；②国外其他行业的企业，国外面向本行业的科研机构，国外专业性会议、论坛都对集群企业的区域创新网络和集群企业的全球价值链有着较为重要的影响，而国外面向其他行业的科研机构、国外大学和国外中介服务机构对于集群企业的区域创新网络和集群企业的全球价值链的影响都较小。可见，总体上，目前浙江省集群企业对区域创新网络和全球价值链的依赖状况是：集群企业主要通过在以本地供应商、客户和竞争者为主体的区域创新网络，以国外供应商、客户和展销博览会为主体的全球价值链中获取知识，以支持其创新和成长。

　　所以，来自本地和全球范围的客户和供应商知识是发展中国家集群企业进行创新活动和促进持续成长的关键性外部知识，这很好地体现了集群企业在价值链上下游两端行为主体的重要作用，因为集群企业的成功创新和快速发展需要同时得到客户和供应商的系统支持，少了任何一端主体的知识，集群企业都会由于缺少必要的知识而难以实现成功创新。很有意思的是，区域竞争对手的知识对于集群企业创新发展会产生积极而重要的影响，这可能也是集群内部知识外溢的好处，因为集群企业可以相对容易地从区域内竞争对手那里学习到相关的先进知识，如技术创新、市场营销、生产制造、企业管理等。国际性展销博览会也是集群企业获取外部新知识的重要来源。以浙江省为例，广大集群企业积极参与在中国广州和香港、德国科隆、法国巴黎、意大利米兰、阿联酋迪拜、美国拉斯维加斯等地举行的各种国际性重要产品展销会，在展销会和博览会上与潜在客户进行交流，观察同行竞争者的产品创新趋势，以了解国际市场的需要特点和趋势，为企业开展相关创新活动提供信息支持。

3.2.1　新创期集群企业

与前所述，由于处于不同成长阶段的集群企业在创新和发展过程需要不同类型和数量的知识，所以，不同阶段的集群企业对全球价值链的利用或依赖程度有所差别。对新创期集群企业的全球价值链而言，国外供应商、国外客户或用户、国外竞争对手和国外各类展销博览会对新创集群企业的全球价值链的影响最大，其中国外客户或用户是新创集群企业全球价值链所有影响因素中最大的。国外供应商，国外竞争对手和国外各类展销博览，国外其他行业的企业，国外面向本行业的科研机构，国外专业性会议、论坛等对新创集群企业的全球价值链发挥着较为重要的作用。对于浙江省大多数集群企业，其主要以外向型产品出口为主,因此,如何把握国外客户的需求特点和要求至关重要。与全球价值链上的国外客户进行互动,从中获取企业创新和发展所需的知识,将有助于创业期集群企业的发展。具体见图3-2。

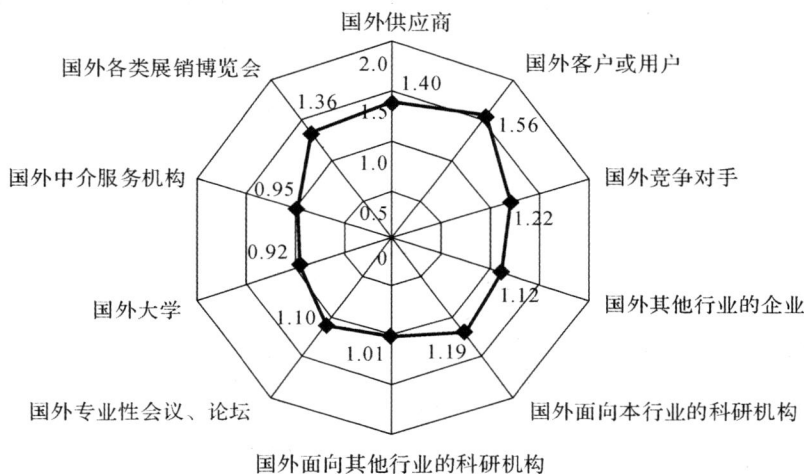

图 3-2　新创集群企业的全球价值链

相对而言,目前浙江省新创集群企业对区域创新网络和全球价值链的依赖状况是:新创期集群企业主要通过在以本地供应商、客户和竞争者为主体的区域创新网络,以国外客户、供应商和展销博览会为主体的全球价值链中获取知识,以支持其创新和成长。

3.2.2　成长期集群企业

对于成长期集群企业的全球价值链而言,国外供应商、国外客户或用户、国外竞争对手和国外各类展销博览会对成长期集群企业的全球价值链的影响最大,其中,国外客户或用户是成长期集群企业全球价值链所有影响因素中最大的。国外其他行业的企业、国外面向本行业的科研机构对成长期集群企业的全球价值链发挥着较为重要的作用。在对成长期集群企业的全球价值链影响相对较小的四个因素中,国外专业性会议、论坛比国外面向其他行业的科研机构、国外大学和国外中介服务机构的作用相对较大。成长期集群企业的重要任务是市场扩张,因此通过获取国外客户的相关知识,有助于加深对特定国际市场的理解,进行针对性的产品开发和营销。具体见图 3-3。

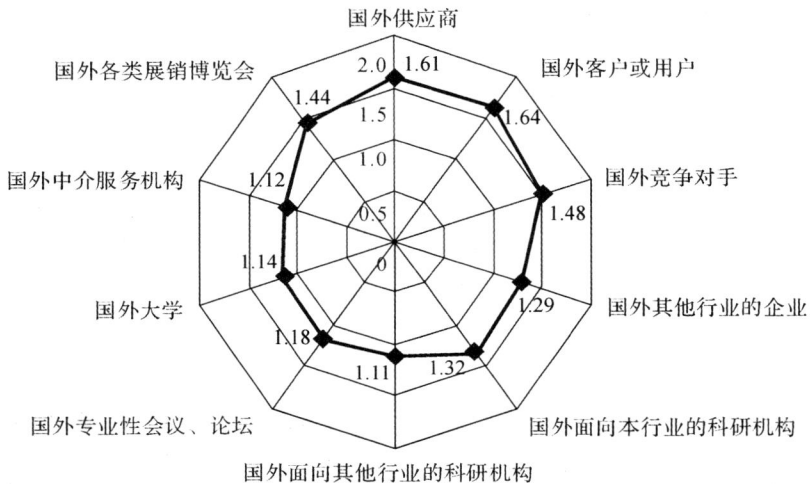

图 3-3   成长期集群企业的全球价值链

3.2.3 成熟期集群企业

根据统计分析结果,首先,国外客户或用户对成熟期集群企业的全球价值链的影响是最大的,这可以显示出成熟期集群企业的全球价值链中国外客户或用户对其作用的重要性。其次,国外供应商,国外竞争对手,国外面向本行业的科研机构,国外专业性会议、论坛和国外各类展销博览会对成熟期集群企业的全球价值链有着相对重要的影响。其中,国外供应商和国外竞争对手对成熟期集群企业的全球价值链的影响较大,其他三个方面对成熟期集群企业的全球价值链的影响相对来说较小。再次,国外其他行业的企业、国外面向其他行业的科研机构、国外大学和国外中介服务机构对成熟期集群企业的全球价值链的影响较弱。这再次说明了顾客导向对于集群企业创新和成长的关键性作用,因为面向国际市场的集群企业需要充分把握国际市场需求的特点和发展趋势,才能实现成功的产品开发和销售,才能真正帮助集群企业实现持续成长。具体见图 3-4。

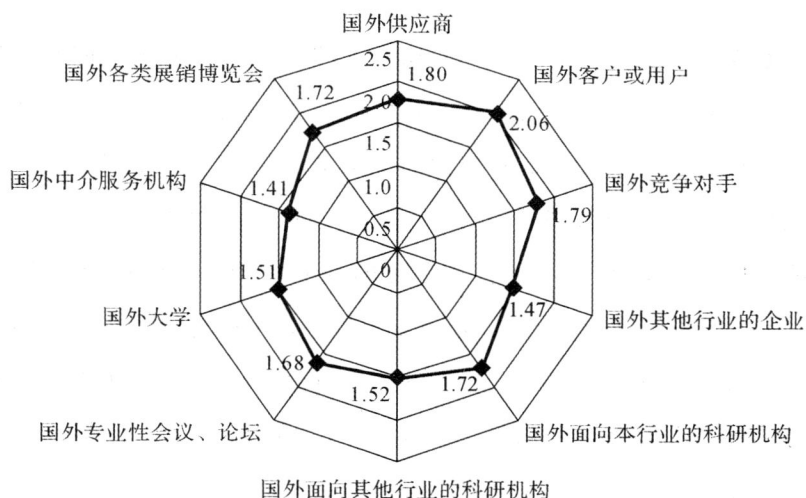

图 3-4　成熟期集群企业的全球价值链

结合上述分析,我们可以发现,集群企业在创新和发展过程中对区域创新网络和全球价值链的相关节点的利用程度是有差别的,而且,对于不同成长阶段的集群企业而言,它们会根据阶段性发展的需要,动态选择匹配性的区域创新网络和全球价值链,以有效地获取对集群企业创新和成长有积极作用的外部知识,而不是平均利用各个主体的外部知识。所以,总体上看,集群企业在成长过程中有选择性地构建其区域创新网络和全球价值链。接下来,我们将从知识搜寻这一重点角度来解读上述关系。

3.3　实证结果

3.3.1　研究假设

本部分主要研究全球或者外地知识搜寻对于集群企业创新绩效的影响,即研究集群企业搜寻外地产业内的合作者知识、竞争者知识和产业外组织知识对于集群企业创新绩效的影响。企业搜寻来自不同地理区域的知识,这些知识由于制度、文化等因素的差异而具有浓厚的空间特色,为企业带来多样化的知识元素和异质性的资源。Rosenkopf 和 Almeida(2003)认为企业搜寻外地的外部知识可以为企业获取新的见解、看法等。Frenz 和 Ietto-Gillies(2009)认为不同地理环境中的知识为公司提供了更加多样化的知识元素,这比单纯在一个地方搜寻知识对创新绩效的正向影响更大。

企业搜寻外地知识可以为企业的知识库带来更加新的知识,扩展了企业的知识基础。同时根据组合观,这些进入企业知识库的新知识会与企业已有知识产生新的组合,增加了知识元素间组合的机会,从而有助于企业创新,特别是突破性创新的产生(Phene et al.,2006)。

对于集群企业来讲,其最终产品主要是提供给外地客户,因此集群企业从外地合作者处搜寻知识可以发现外地顾客的偏好和市场的新的需求信息,并同外地合作者确定研发和上市节奏,这样便可以增加创新方案的选择性,增强创新成果的市场有效性(Maggioni, Nosvelli & Uberti,2007)。基于此,提出如下假设:

假设1:集群企业从外地合作者处搜寻知识对企业创新绩效产生正向影响。

因为来自不同地理环境中的知识存在一定的异质性,因此,集群企业搜寻外地竞争者知识可以使产品进行差异化,从而在新产品开发中取得较好的优势机会(徐彪、张骁,2010)。在知识内容上,集群企业主要关注外地竞争对手在产品上的差异,一方面通过自身研发产品的差异化而赢得自身的竞争优势,另一方面也利用竞争对手在产品方面的差异为自己服务。基于此,提出如下假设:

假设2:集群企业从外地竞争者处搜寻知识对企业创新绩效产生正向影响。

在总共六种知识类型中,外地产业外组织的知识是最具有异质性的。一方面这些知识是属于产业外的,与集群企业已有知识基础差异较大,具有较大的异质性;另一方面,这些知识也是属于外地的,会因为地域和资源禀赋等的不同而使这些知识具有差异性。企业搜寻这些知识将会扩大企业的知识库,增加与企业现有知识库的知识组合的机会,因此,企业搜寻这些知识与企业已有知识组合更可能创造突破性创新(Phene et al.,2006)。集群企业会搜寻外地的产业外组织知识,从外地咨询公司和大学那里搜寻到的知识使得集群企业提高了运营效率,降低了企业运营成本,同时结合电子商务公司等产业外组织的技术在企业的营销模式上进行创新。

但是,企业搜寻外地产业外组织的知识也存在以下几个方面的不利影响：从地理方面来考虑，虽然外地组织的知识具有新颖性，但是企业对这些外部知识的搜寻会加大企业的搜寻成本，从而不利于企业的创新绩效；从产业因素来考虑，虽然产业外组织与产业内组织在知识结构上存在很大差异，能够给企业的现有知识库带来新知识，但是也会加大企业对这些产业外新知识的获取、吸收和整合的难度（Miller et al.，2007），从而不利于企业创新（例如 Ahuja 和 Katila，2004；Phene et al.，2006）。基于此，提出如下两个竞争性假设：

假设 3a：集群企业从外地产业外组织处搜寻知识对企业创新绩效产生正向影响。

假设 3b：集群企业从外地产业外组织处搜寻知识对企业创新绩效产生负向影响。

3.3.2　研究方法

产品创新绩效。在本研究中，我们用企业的产品创新绩效来反映集群企业的创新绩效，并采用 Zhang 和 Li（2010）的 5 个条款来测度集群企业的产品创新绩效，即通过让被调查者回答在以下 5 个方面本企业是否比其竞争对手要做得更好：①投放市场的新产品种类；②经常作为行业第一家投放新产品；③投放新产品的速度；④投放市场的新产品质量；⑤更善于用新产品开拓市场。每个题项都用 5 点Likert 量表正向计分方式，1 表示某条款很不符合公司实际，3 表示比较符合公司实际，5 表示非常符合公司实际。被调查者根据公司实际情况进行填写。

外地知识搜寻。来自外地、不同知识来源的知识的测量方法与来自本地、不同知识来源的知识的测量方法类似。第一，在 Laursen 和 Salter（2006）等学者对知识来源的测量方法基础上，本书根据实际情况将集群企业的外地外部创新来源分为外地供应商、外地客户、外地竞争者、外地其他行业的企业的知识、外地面向本行业的科研机构的知识、外地面向其他行业的科研机构的知识、外地专业性会议和论坛的消息、外地大学的科技知识、外地中介服务机构的知识以及外地各类展销博览会的消息等共10类。我们同样运用"没有采用(0)—低(1)—中(2)—高(3)"的问卷要求被调查企业回答本企业从这些创新源搜寻知识的情况。第二,在前人研究的基础上,将企业的这些外地创新源分为外地合作者、外地竞争者和外地产业外组织三类。其中,外地合作者包括同处产业链上下游的外地供应商、外地客户、外地面向本行业的科研机构知识、外地专业性会议和论坛的信息以及外地各类展销博览会的信息等5类;外地竞争者知识则来自于外地竞争者;外地产业外组织知识则来自于外地其他行业的企业的知识、外地面向其他行业的科研机构的知识、外地大学的科研机构的知识和外地中介服务机构的知识等4类。企业从合作者、竞争者和产业外企业三大类对象搜寻知识的范围都在0～3,0表示没有,3表示程度很高。我们将企业从外地合作者的5类企业处获得知识的情况进行加总求均值,对企业从外地产业外组织和外地竞争者处搜寻知识的计算情况依此类推。

控制变量。本书对不属于本研究范围但有可能对企业的创新绩效产生影响的几个变量进行控制,但根据实际情况对不同的变量采取不同的测量方法。第一,对企业规模、企业年龄采用客观数据进行测量。其中,企业规模用企业员工人数的自然对数来测量,企业年龄用企业自成立之日起到问卷调查日期所经历的年数来测量。第二,对技术动态性利用5点量表进行测量。根据Atuahene-Gima(2004)的测量方法,我们要求被调查者从4个方面来回答企业所处技术的动态性:①我们行业中相当多的现有产品面临着被淘汰的危险;②我们行业的技术变化很快;③通过技术突破产生的新产品在我们行业有很多;④我们行业主要靠技术创新来发展。其中,1表示不赞同,3表示比较赞同,5表示非常赞同。第三,我们创造了虚拟变量来控制调查对象所属的产业类型。我们要求被调查者填写自己所处的行业。本研究的问卷数据来自两个行业,即绍兴市纺织服装行业和台州市医药行业。因此,我们用1来表示纺织服装行业,用0来表示医药行业,以控制行业类型对于研究结果的影响。

3.3.3　数据分析

假设1预测集群企业从外地合作者处搜寻知识对于企业创新绩效产生积极影响。模型6在模型1的基础上加入了外地合作者这一变量,回归分析结果表明,搜寻外地合作者知识对集群企业产品创新绩效产生积极影响($\beta=0.390, p<0.001$)。在模型9中,外地合作者对集群企业产品创新绩效的影响仍呈显著正相关($p<0.001$)。这说明集群企业搜寻外地合作者知识对集群企业的产品创新绩效影响是稳定的。所以我们认为假设1得到了实证支持。

假设2预测集群企业从外地竞争者处搜寻知识能够对企业的创新绩效产生积极的影响。模型7在模型1的基础上加入了外地竞争者这一变量,回归分析结果表明,外地竞争者对集群企业产品创新绩效产生积极影响($\beta=0.322, p<0.001$)。但是,在模型9,随着其他变量的加入,外地竞争者对于集群企业产品创新绩效的影响变得不显著,因此我们认为假设2没有得到实证支持。

假设3a和假设3b是一个竞争性假设,假设3a预测集群企业从外地产业外组织搜寻知识能够对企业的创新绩效产生积极的影响,假设 3b 预测集群企业从外地产业外组织搜寻知识能够对企业的创新绩效产生负向影响。模型 8 在模型 1 的基础上加入了外地产业外组织这一变量，回归分析结果表明，外地产业外组织对集群企业产品创新绩效产生显著的正向影响作用（$\beta=0.232$，$p=0.001$）。但是在模型 9 中，随着其他变量的加入，外地产业外组织对集群企业产品创新绩效又开始产生显著的负向影响作用（$p<0.1$）。因此，我们认为假设 3b 得到了实证支持。

回归分析结果见表 3-1。

表 3-1　回归分析结果

	模型 6	模型 7	模型 8	模型 9
企业年龄	0.015	0.005	0.018	0.015
企业规模	0.107	0.131 +	0.185 **	0.083
产业类型	0.050	0.027	0.030	0.049
技术动态性	0.336 ***	0.357 ***	0.349 ***	0.355 ***
外地合作	0.390 ***			0.450 ***
外地竞争		0.322 ***		0.111
外地业外			0.232 **	− 0.178 +
F-value	24.796 ***	21.166 ***	17.676 ***	18.555 ***
R^2	0.405	0.368	0.327	0.419
Adj. R^2	0.389	0.350	0.308	0.397

注：+ 表示显著性水平 $p<0.1$；* 表示显著性水平 $p<0.05$；** 表示显著性水平 $p<0.01$；*** 表示显著性水平 $p<0.001$（双尾检验）；表格中显示的是标准化系数。

从研究结果方面来看，集群企业搜寻外地合作者知识将积极影响企业的产品创新绩效，即集群企业从外地合作者处搜寻知识的程度越大，越对企业的产品创新绩效产生积极影响。单个变量下，集群企业搜寻外地产业外知识将积极影响企业的产品创新绩效，而在多变量下,集群企业搜寻外地产业外知识将对企业的产品创新产生负向影响。可能原因是:第一,从地理上看,外地知识具有一定的异质性;从内容上看,产业外知识与企业本身所具有的知识具有极大的差异性,因此,外地产业外知识对于企业来说是新颖的。如果企业仅仅关注搜寻外地产业外组织知识,那么对企业的产品创新绩效会产生一定的正向影响。第二,在考虑多种搜寻方式的情况下,搜寻外地产业外组织的知识是最为困难的,搜寻成本和对知识的吸收、整合成本也是最高的,因此,在多变量情况下,外地产业外组织负向影响企业产品创新绩效,即随着集群企业从外地产业外组织搜寻创新所需的知识的程度越大,越对企业的产品创新绩效产生负向影响。这个结果与 Ahuja 和 Katila(2004)以及 Phene 等(2006)的结果类似,即虽然外地产业外组织的知识较为新颖,但是由于搜寻成本和对新知识的整合问题而导致对企业的创新绩效产生负向影响。此外,集群企业从外地竞争者处搜寻知识对企业的产品创新绩效没有显著影响。一方面原因可能是集群公司从外地竞争者处搜寻知识,更多只是为了关注两者之间的差异,而不会对企业的产品创新绩效产生显著影响。所以,我们发现了外部知识对集群企业创新的复杂作用,既有积极促进作用,也可能产生负面的阻碍作用。

第4章 链网互动、双元学习与集群企业成长

4.1 理论概述

目前,我国大部分产业集群尚处于全球价值链的中低附加值环节,产业竞争力不高,正面临着升级的压力。推进产业集群升级,已成为我国迫切需要解决的重要理论和现实问题。总体上,现有研究主要从以下两大理论视角提出破解我国产业集群升级难题的策略思路:一是从区域创新系统视角强调本地知识的作用,认为通过促进集群企业与区域内龙头企业、科研院校等机构的知识共享和创新协作可以增强产业集群的创新能力(Grabher & Ibert,2006);二是从全球价值链视角重视全球知识的作用,认为将产业集群嵌入全球价值链有助于集群企业学到新知识进而促进产业集群升级(Schmitz,2006)。据此,培育区域龙头企业、吸引跨国公司和国际研发机构等成为当前我国促进产业集群升级的主流实践。但是,相关研究和实践

都表明,一方面,过于强调与龙头企业等本地机构合作容易使集群企业陷入"本地知识冗余"和"本地网络锁定"等危险(Eriksson & Lindgren,2009;邬爱其,2007);另一方面,跨国公司对集群企业的知识外溢较为有限(Pietrobello & Rabellotti,2007;吴波,2008)。这种本地知识冗余和全球知识不足并存的困境,引发了集群企业必须直面的新问题:如何有效利用本地知识和全球知识?

组织学习领域的研究认为,探索性学习和利用性学习是两种不同的组织学习方式,各自对组织所起到的作用并不相同,但是它们都在竞争组织稀缺的资源。因此,如何平衡探索性学习和利用性学习两者之间的关系成了组织学习领域的一个重要研究话题,而探索性学习和利用性学习之间的"双元均衡"是这方面研究的一个着眼点。同时,"双元均衡"的概念也被广泛运用到管理研究的其他领域,包括技术创新(张婧,段艳玲,2010)、组织结构(Gibson & Birkinshaw,2004)等。

在学习理论中,March(1991)提出了探索性学习和利用性学习两个概念,其中探索性学习的本质是对新技术和创业机会的搜索和试验,利用性学习的本质是提炼和深化现有的技术、能力和范式(March,1991),这两个概念被广泛运用在了组织学习、战略管理、管理经济学等很多管理研究领域。但是,研究也表明,探索性学习和利用性学习在战略、能力和组织结构的要求上有所不同,对于组织绩效的影响也不一样(He & Wong,2004),它们之间存在着一些矛盾。

对于利用性学习来说:第一,组织进行利用性学习就将适应当前环境需求并有可能加速组织结构的惰性从而降低公司对于未来环境变化和新机遇的适应能力(Hannan & Freeman,1984);第二,在知识的获取过程中,如果一个企业在知识的获取过程中只有利用性学习,往往会导致"成功陷阱"(Ahuja & Lampert，2001；Leonard-Barton，1992)。相反，对于探索性学习来说：第一，组织从事探索性学习将资源投入到探索新机会中会降低对已有机会改进和利用的速度(March，1991)；第二，在知识的获取过程中，如果一个企业只将资源集中在探索性学习上，可能会导致组织的"失败陷阱"(March，1993)。另外，探索性学习和利用性学习在相互竞争稀缺的组织资源(例如 Sidhu，Commandeur & Volberda，2007)。

基于以上的矛盾，March(1991)强调在探索性学习和利用性学习之间保持适当的均衡对于组织的生存和繁荣是非常关键的。Levinthal 和 March(1993)也认为组织面临的最基本问题就是参与充分多的利用性学习以确保它当前的生存能力，同时投入足够的资源进行探索性学习以确保它未来的生存能力。针对于此，Tushman 和 O'Reilly (1996)提出了"双元均衡"的概念，即在探索性学习和利用性学习之间保持均衡，以创造较高的组织绩效。之后 Raisch 和 Birkinshaw 等 (2009)，李利霞、黎赔肆等(2010)，刘洋、魏江等(2011)等很多学者都对双元均衡进行了探讨，但是以理论探讨为多，相关的实证研究较为缺乏。

在实证方面，He 和 Wong (2004)首先从定量方面对双元均衡的假设进行了检验。他们认为探索性学习和利用性学习之间不仅仅存在竞争效应—竞争组织稀缺的资源，也应该会有一个协同效应。他们以 206 家制造业企业为样本验证了双元均衡的假设，即：探索性创新战略和利用性创新战略的交互项对销售成长率有积极影响，而两者之间的不均衡对销售增长率呈负向影响。Rothaermel 和 Alexandre(2009)的实证研究发现，创新搜寻组合(双元均衡)和企业绩效之间呈倒 U 形关系，Jansen 和 Van Den Bosch 等(2006)则从组织结构和环境动态性等调节变量方面对"双元均衡"进行了研究，Gibson 和 Birkinshaw（2004）则将"双元均衡"作为中介变量进行了研究。

总体上来说，现有关于"双元均衡"的研究得到了很多学者的重视，相关的理论和实证研究也在快速兴起，但是还缺乏较为统一的研究框架。另外，与探索性学习和利用性学习被运用到其他研究领域一样，"双元均衡"的概念也被广泛运用到管理研究的其他领域，包括技术创新（张婧、段艳玲，2010）、组织结构（Gibson & Birkinshaw，2004）等。不过大部分学者仍将探索性行为和利用性行为之间的矛盾视为组织寻求"双元均衡"的根本原因所在（Andriopoulos & Lewis，2009）。

"双元均衡"引起了很多学者的重视，但是学者们更多从理论上进行探讨，直到 He 和 Wong（2004）界定了双元均衡的测量，之后 Cao 等（2009）、张婧和段艳玲（2010）在此基础上展开研究。在均衡测量方面，He 和 Wong（2004）从理论上区分出了双元均衡的两个维度：exploration 和 exploitation，并提出用两个维度的乘积项来测量联合均衡，用两个维度相减的绝对值表征匹配均衡，实证结果表明，探索性创新战略和利用性创新战略的交互项对销售成长率有积极影响，而两者之间的不均衡对销售增长率呈负向影响。但是，He 和 Wong（2004）并没有就测量背后的内涵进行探讨（张婧、段艳玲，2010）。

Cao 等（2009）将模糊的"双元均衡"概念进行了明确的定义和划分。他们认为，当企业 A 在探索和利用方面有相等的小数值，而企业 B 在探索方面的数值是利用方面的数值的两倍以上，而利用方面的数值与 A 企业相等，以往研究并不能解释 A 和 B 企业在均衡方面谁做得更好。因此，他们将战略均衡区分为匹配均衡维度（Balanced

Dimension)和联合均衡维度(Combined Dimension)。通过实证研究发现联合均衡(CD)对于拥有丰富内外部资源的公司更有益,匹配均衡(BD)对资源受限的公司更有益。因此,对于资源充沛的公司来说,同时追求探索性行为和利用性行为对于组织来说更加可行;而对于资源匮乏的公司来说,在探索性行为和利用性行为之间保持平衡或许更加合适。Lavie 和 Kang 等(2011)实证研究发现,大企业更多应聚焦于探索和开发的均衡而获益,小企业则应聚焦于探索或者开发的联盟而获益(刘洋、魏江等,2011)。张婧、段艳玲(2010)将组织均衡理论范式引入到市场导向的研究领域,实证研究显示,市场导向的匹配均衡和联合均衡及它们的交互作用对于产品创新绩效有正向影响,其中匹配均衡指企业在两种战略执行程度上保持相对一致的均衡,联合均衡指企业在两种战略执行程度上的组合大小。与以上的方法相异的是,Rothaermel 和 Alexandre(2009)用外部新技术来源除以外部新技术来源与内部新技术来源的总和来表征内外部技术来源的均衡。

总的说来,关于双元均衡的测量方法,He 和 Wong (2004)确定的测量方法、Cao 等(2009)确定的内涵得到了学者们的基本认可,对这一问题达成了共识(刘洋、魏江等,2011),而"双元均衡"及其测量方法将有助于指导我们分析集群企业的本地搜寻和外地搜寻。[①] Tushman 和 O'Reilly (1996)提出的双元均衡被广泛应用于组织管理等管理研究的多个领域,其中包括对创新搜寻理论的研究。Rosenkopf 和 Nerkar (2001)根据知识的组织边界和技术边界的组

---

① 本地搜寻指集群企业搜寻本地创新源的知识,外地搜寻指集群企业搜寻外地创新源的知识,下同。

合,系统考虑了四种创新搜寻策略对于企业创新绩效的影响。Rothaermel 和 Alexandre(2009)在此基础上将"双元均衡"视角引入到创新搜寻领域,并检验了创新搜寻组合和企业绩效之间关系。

Sidhu 等(2007)指出探索或者利用本质上是一种信息或者知识搜寻行为,并将"探索—利用"这一概念从供应、市场和地理范围三个维度进行了界定。对于集群企业来说,其搜寻本地和外地知识本质上是创新搜寻行为,同时两者之间也存在着一定的矛盾,但是从均衡角度进行的研究相对较少。因此我们借鉴张婧、段艳玲(2010)和 Cao 等(2009)、Rothaermel 和 Alexandre(2009)等学者的做法,将"双元均衡"视角引入集群企业对于本地搜寻和外地搜寻的探讨,研究本地搜寻和外地搜寻的匹配均衡和联合均衡对于集群企业创新绩效的影响。

不同的集群企业在寻求成长时需要具备不同的能力要素,企业能力的异质性要求企业采取不同的学习方式,包括本地学习和外地学习(Giuliani & Bell,2005;Chaminade & Edquist,2006)。Oinas(2000)指出,外地学习(全球价值链)和本地学习(区域创新网络)只是代表着企业学习方向的两个端点,两者是相辅相成的。因此,同时平衡好在全球价值链的外地学习和区域创新网络内的本地学习,成为发展中国家推进集群企业提高创新能力的重要任务(Rappert,Webster & Charles,1999)。

已有集群企业升级的研究视角主要有区域创新系统视角和全球价值链视角,前者注重搜寻本地知识,后者注重搜寻外地知识。但是在两种视角指导下的集群企业升级实践效果并不尽如人意。一方面,过于强调从集群内的供应商、竞争者、科研院校等产业集群内的组织搜寻创新所需要的知识容易使集群企业陷入"本地知识冗余"和"本地网络锁定"等危险(Boschma,Eriksson & Lindgren,2009;邬爱其，2007)，集群企业因为功能锁定等原因无法进行有效的创新从而不能很好地进行升级；另一方面，跨国公司对集群企业的知识外溢有限(Pietrobello & Rabellotti，2007；吴波，2008)，企业投入过多资源搜寻外地知识而使得企业无法形成核心能力(March，1991)，最终不利于企业的创新(Ahuja & Katila，2004)。因此，"双元均衡"为我们处理本地搜寻和外地搜寻之间的关系提供了新的思路。

需要平衡基于区域创新网络的本地学习和基于全球价值链的外地学习，对集群企业持续成长起着不同的作用，前者有助于区域隐性知识的传播和转移，而且，共同的社会文化和语言背景使得企业之间的交流更为高效。区域创新网络主要通过影响集群企业的知识搜索效率和创新活动的准确率来提高集群企业的创新绩效和成长绩效，因为类似的区域文化和较高可能的交流，使得集群企业更容易获取和理解对方的知识特性，提高了创新活动的针对性和效果。但本地学习也容易出现知识的高度冗余，使企业失去开放式创新和发展的动力机制；来自全球价值链的知识，则与集群企业所拥有的知识具有较大的差异，而正是这种差异使得集群企业拥有更多的可能将不同类型的知识进行结合，也就是拥有了更多的创新可能性，进而促进集群企业的创新和成长。但是，尽管全球价值链有助于集群企业从世界范围获取有价值的新知识，但企业整合利用这些新知识需要花费较高的成本，企业自身的吸收能力也是先决条件之一。可见，区域创新网络与全球价值链在不同方向和层面对集群企业成长产生了影响。来自区域创新网络的知识与来自全球价值链的知识一旦形成互动，两者之间的优势得到进一步增强，集群企业在创新方面就更具有效率、准确和多样化的优势，就可以拥有更多的创新可能性和更高的创新绩效，进而促进集群企业的持续成长。

4.2　调查发现

4.2.1　新创期集群企业

根据描述统计量表的结果,对新创集群企业而言,从供应、客户到中介、会展,所有的均值都为正,且都在 1.4～1.8,这说明新创集群企业在区域创新网络—全球价值链中更加倾向于区域创新网络导向。并且,竞争和供应两者的均值最大,说明两者在区域创新网络——全球价值链中的作用相对更加重要。根据相关性结果,员工成长性与供应、竞争、中介、会展等变量之间并不存在显著的相关关系。收入成长性和其他及会议之间存在显著的负相关关系。从盈利相关性来看,盈利相关性与供应、客户和会展之间存在显著的负相关关系,创新成长性与大学之间存在显著的负相关关系。因此,供应、客户和会展对新创集群企业的区域创新网络—全球价值链中的盈利成长性产生负向影响,大学对新创集群企业的区域创新网络—全球价值链中的创新成长性也产生负向影响。

可见,过于依赖本地供应商、本地客户、本地会展机构的知识,不利于新创集群企业的盈利成长;过于依赖本地的其他企业、会议的知识来源,不利于新创集群的收入成长;过于依赖本地大学的知识不利于新创集群企业的创新成长。这意味着,利用全球或者外地的供应商、客户、会展机构、其他企业、会议和大学的知识,有助于新创集群企业的收入、盈利和创新成长。

从员工成长性与各变量之间的相关关系来看,它与各个变量之间的关系都不显著,说明各个变量对新创集群企业的员工成长性的影响并不大。从收入成长性方面来看,收入成长性与本地面向本行业的科研机构,国外竞争对手,国外其他行业的企业,国外面向本行业的科研机构,国外专业性会议、论坛等以及国外各类展销博览会之间存在正相关关系,这初步表明以上变量对新创集群企业的收入成长性产生影响。从盈利成长性来看,盈利成长性与本地供应商之间存在显著的负相关关系,而与国外竞争对手和国外各类展销博览会之间存在显著的正相关关系。这表明,本地供应商会对新创集群企业的盈利相关性产生负面影响,而国外竞争对手和国外各类展销博览会对新创集群企业的盈利相关性产生积极影响。从创新成长性来看,创新成长性与本地面向本行业的科研机构和国外面向本行业的科研机构之间存在显著的正相关关系,这表明国内外面向本行业的科研机构对新创集群企业的创新成长性产生积极的影响。

4.2.2　成长期集群企业

根据描述统计量表的结果,对成长期集群企业而言,从供应、客户到中介、会展,所有的均值都为正,这说明成长期集群企业在区域创新网络—全球价值链中更加倾向于区域创新网络导向。在相关性分析表中,员工成长性与中介之间存在显著的负相关关系,创新成长性和其他及会议之间存在显著的正相关关系。但是,收入成长性、盈利成长性和供应、竞争等便利之间并不存在显著的相关关系。因此,通过以上分析我们可以知道,对于成长期集群企业而言,中介对成长期企业的区域创新网络—全球价值链的员工成长性产生负向影响,其他及会议对成长期企业的区域创新网络—全球价值链的创新成长性产生正向的积极影响。可见,过于依赖本地中介机构的知识不利于成长期集群企业的规模扩张,但是,侧重依赖本地其他企业和本地会议的知识,有助于成长期集群企业的创新成长。

从员工成长性与各变量之间的相关关系来看,它与各个变量之间的关系都不显著,说明各个变量对成长期集群企业的员工成长性的影响并不大。从盈利成长性来看,盈利成长性与各个变量之间的关系都不显著,说明各个变量对成长期集群企业的盈利成长性的影响并不大。从收入成长性来看,收入成长性与本地其他行业的企业之间存在显著的负相关关系,收入成长性与国外各类展销博览会之间存在显著的正相关关系,这表明本地其他行业的企业对收入成长性产生负向影响,而国外各类展销博览会对收入成长性产生积极影响。从创新成长性来看,创新成长性与国外客户或用户之间存在负相关关系,与其他变量之间的关系不显著。

4.2.3 成熟期集群企业

对成熟期集群企业而言,从供应、客户到中介、会展,所有的均值都为正,这说明成熟期集群企业在区域创新网络—全球价值链中更加倾向于区域创新网络导向。在相关性分析中,盈利成长性与大学之间存在显著的正向相关关系。但是,员工成长性、收入成长性、盈利成长性和供应、竞争等便利之间并不存在显著的相关关系。因此,通过以上分析我们可以知道,对于成熟期集群企业而言,大学对成熟期集群企业的区域创新网络—全球价值链的盈利成长性产生积极影响。可见,对于成熟期集群企业而言,来自本地大学的知识对于其盈利成长具有促进作用。

4.3 实证结果

4.3.1 案例研究

1.素材获取

访谈是进行案例研究的基本需要。作为一种研究方法,访谈研究法指的是研究者通过与研究对象交谈的方式收集有关对方心理特征和行为数据资料的一种方法(王重鸣,2001),这种方法有利于研究者捕捉和了解深层次的信息。对于集群企业来说,其创新搜寻的努力和对企业绩效的影响体现在企业的日常经营活动当中,通过访谈将有助于研究者更加深入地了解集群企业创新搜寻的机制、对象和方法等内容。因此,围绕集群企业创新搜寻模式这一问题,通过访谈方法可以收集关于集群企业创新搜寻模式的资料和数据,并参考质性研究中三角测量的原则,从访谈对象的公司官网、可信度较高的媒体采访报道等其他渠道搜集资料和数据,一方面补充访谈内容,另一方面也作为对实地访谈内容的佐证。

通过对国内外已有文献的回顾和总结,本研究提出了集群企业创新搜寻模式的"地理—来源"组合创新搜寻模式以及由此形成的集群企业搜寻 6 类不同创新源的知识对企业创新绩效的影响作用的研究构思。访谈研究主要在这一构思的基础上进行设计和实施,主要用来解决以下几个问题:第一,集群企业主要有哪些创新搜寻源? 第二,这些创新源的内容和特点是什么? 其中,合作者、竞争者和产业外企业对于集群企业创新有什么不同的影响? 本地的创新源和外地的创新源之间有什么差别？第三，这些不同的创新源通过什么样的机制影响企业的创新？第四，企业用什么方法搜寻到这些创新源的知识？

按照访谈研究的目的不同，访谈可以区分为探索性访谈和假设检验式访谈；按照研究过程来区分，访谈可以区分为结构式访谈、半结构式访谈（semi-structured interviews）和非结构式访谈（Williams，1997）[①]，其中，半结构式访谈是指研究者利用较为宽泛的问题作为访谈的依据，引导访谈的进行（Streubert & Carpenter，1999）。访谈提纲在访谈之前根据研究目的和研究问题被设计出来，作为访谈的架构，但是具体的访谈形式和问题顺序并不会像结构式访谈那样受限制。根据上述分析，为了能够解决本研究所提出的问题，本研究采用半结构化访谈方式。

首先，根据本章的研究目的，围绕集群企业的外部创新搜寻问题，笔者在和导师切磋交流的基础上确定出了如表 4-1 所示的访谈提纲。

表 4-1　访谈提纲

序号	问　题
1	在当前的经济环境下，整个经济大背景对您所在的集群企业有什么样的影响？
2	你们公司怎么看待创新，包括产品创新、市场创新、运营模式创新等？
3	对于贵公司来讲，你们有没有从本地合作伙伴（包括顾客和供应商等）那里学习到什么对你们的创新有影响的技术、技能或者信息？有什么具体案例可以分享一下吗？

① http://spris.org.tw/develop/05june-05.pdf.

序号	问 题
4	外地的合作伙伴（包括顾客和供应商等）对你们的产品创新有影响吗？有没有从外地合作伙伴那里学习到什么对你们的创新有影响的技术、技能或者信息？
5	你觉得从本地合作伙伴那里获取到的技术、技能或者信息跟从外地合作伙伴处获得的技术、技能或者信息等对企业的创新影响有什么不同？如果有差别的话体现在哪些方面？
6	你们从本地竞争者那里学习到了什么对你们创新有影响的技术、技能或者信息？有什么具体案例可以分享一下吗？
7	从外地的竞争者那里学习到了什么技术、技能或者信息？
8	从本地竞争者和从外地竞争者那里学习到的技术、技能和信息等不一样的地方在哪里？
9	本地其他行业的企业对你们的创新有影响吗？你们有没有从那些企业那里学习到对你们的创新有影响的技能、信息或者方法？
11	外地其他行业的企业对你们的产品创新有影响吗？你们有没有从那些企业那里学习到对你们的创新有影响的技能、信息或者方法？
12	从本地其他行业和外地其他行业那里获得的技能、信息、技术和方法等有什么不一样的地方？

其次，因为本章主要分析集群企业的外部创新搜寻对企业创新绩效的影响，因此本章的研究对象为集群企业。浙江省纺织服装行业较为发达，在杭州、海宁和绍兴等市分布着众多的纺织服装企业，形成了一些具有特色纺织服装企业的产业集群。其中，海宁以皮革见长，绍兴以化纤的纺织面料见长。在实际调研过程中，根据所确定的调研目的和调研范围随机联系了以下几家企业，形成了本研究的实地调研样本。这样的取样方法保证了取样过程的随机性和有效性。访谈具体样本如表 4-2 所示。

表 4-2　访谈样本

企业名称	地点	行业	企业规模	受访者职务
新天龙纺织有限公司	绍兴	纺织服装业	约 1000 人	研发部经理
绍兴县迪诺针纺有限公司	绍兴	纺织业	约 130 人	总经理
绍兴玉麟针织有限公司	绍兴	纺织业	约 30 人	总经理
绍兴县飞洋纺织有限公司	绍兴	纺织业	约 10 人	总经理
绍兴县君杰纺织品有限公司	绍兴	纺织业	约 10 人	厂长
宁波慈星股份有限公司	宁波	针织机械设备	约 3000 人	市场部员工
宁波慈星股份有限公司	宁波	针织机械设备	约 3000 人	市场部员工
杭州金典针织有限公司	杭州	纺织服装业	约 60 人	销售员工
浙江敦奴联合实业股份有限公司	嘉兴	服装业	约 2200 人	财务总监
浙江敦奴联合实业股份有限公司	嘉兴	服装业	约 2200 人	金融中介

从地域分布、企业规模、受访者职务等方面来看,本访谈在一定程度上保证了访谈研究方法的信度和效度,以及访谈对象的随机性、有效性和代表性。同时,本章在后续的研究中,会参照三角验证原则,引用公司官网和相关具有代表性的媒体的报道等多种途径的信息,以增强本章的说服力。

从本质上来讲,内容分析法是一种对研究对象的内容进行深入分析,透过现象看本质的科学研究方法(邱均平、邹菲,2004);从方法论上来讲,内容分析法是一种定性与定量相结合的研究方法(杨国枢等,2006),它通过定量的方法来分析定性问题,以访谈材料内容"量"的变化来推论"质"的变化。作为一种科学研究方法,内容分析法在组织管理研究领域得到了广泛的运用,主要被用于从管理者的情境信息中推出有效结论(颜士梅、王重鸣,2005)。基于上述原因,本研究采用内容分析法对半结构化访谈所获取的实地访谈资料进行分析。

在具体操作方法上,本章构建了类目尺度的量化分析系统以对访谈材料进行分析和研究。首先,本章运用定量的语义内容分析方法对半结构化访谈所获取的 10 份创新搜寻模式的访谈材料进行分析,即以预先建立的"地理—来源"组合创新搜寻模式类别为判断标准,以具有相对完整情境的句子为最小分析单元对访谈材料进行归类。根据统计,10 份实地访谈的内容中总共包含了 142 个分析单元。举例来说,如下三段文字是实地访谈材料的一部分,共包含了 5 个分析单元:

2004 年的时候,新天龙公司就和中纺院(中国纺织科学研究院)合作成立了中纺新天龙公司,因为新天龙一直认为只有研发新产品才可以让企业在市场

(1)

上立足,而中纺院在技术方面占有优势。因此,新天龙的老板找到中纺院,希望中纺院能提供纱线、纺织等方面技术上的支持,为其解决技术上的难题。在两者的合作期内,中纺院曾有一位老技术员在新天龙的染厂车间与新天龙员工共同工作了两个月,指导员工染厂的设备仪器该怎么调整、染料该怎么调配,做出来的面料,颜色才会饱满;纱线达到一个什么样的黏度,最终产品才会感觉舒适。另外,新天龙和中国纺织科学研究院江南分院曾共同合作开发 CTATEX 超爽舒适面料,该面料以其独有的特性备受青睐。①

新天龙也注重与国外的公司进行合作,比如新天龙纺

① 资料来源:新天龙公司官网。

织有限公司与意大利的

（2）

设计咨询公司进行合作，公司从意大利的设计师会那里获取关于时尚前沿和流行趋势的信息，包括衣服的材质、款式和颜色等方面的流行趋势，然后按照搜寻到的这些时尚信息进行产品的开发，并提供样品布。此外，对于产品创新方面，新天龙重视时尚展会，其参与的主要展会包括上海时装展和巴黎时装展，在时装展上，新天龙会展示其当前研发的所有新产品。同时，企业会带一些研

（3）

发部的设计师参与展会，研发部人员会搜寻关于技术、流行的面料和款式等方面的信息。

至于竞争者方面，也需要从地域上进行区分。绍兴擅长化纤布料的生产，

（4）

江苏擅长格子布的生产，山东擅长批布的生产。格子布的生产工艺会先将纱线染成有颜色的，然后再织成布。对于新天龙来说，企业会根据客户的要求到各个不同的地区采购相应的布料给客户。当然，这样做可以整合很多不同地区的企业资源。所购买布料的企业一般综合实力不强，没有能力与品牌客户合作。这些企业的工厂在生产某一布料方面比较强，但是大多为纯生产型企业。而新天龙会提供概念，通过整合其他地区企业的资源和自己对于半成品研发的重视，创造更大的价值。而对于本地竞争者来说，假如新天龙与绍兴当地一家企业面对的是同一个客户，

新天龙会分析竞争者的研发模式、销售模式、与客户沟通的模

（5）

式以及产品质量和价格等方面的差异，参考竞争对手的做法从而提升自身的竞争力。

其次，我们按照预先设立的"地理—来源"组合创新搜寻模式编码表，以句子为分析单元，对上述分析材料进行详细编码，以全面捕捉集群企业创新活动中创新搜寻的相关信息。本章运用了实地访谈研究中经常采用的 3 人编码方案，由 3 名企业管理专业的硕士研究生进行编码。在编码过程中，我们按照编码流程要求进行编码，即首先对 3 名编码人员进行培训，其次进行预编码。通过预编码，我们剔除了语义较为模糊的分析单元。经过实际整理，我们剔除了 15 个无法进入预先建立的要素类别，对剩下的 127 个分析单元进行正式编码。

从表 4-3 中可以看出，外地合作者这一维度在所有的 6 个维度中被提及的频次和频率最高，分别为 35 次和 27.6%，绍兴市纺织服装产业集群的很多企业都会经常参加国际展会，同时一部分企业市场主要针对国外，因此从频次上来讲会稍微高一些；再次是本地合作者、本地产业外组织和外地产业外组织，频率在 15% 左右；最后是本地竞争者和外地竞争者，由于实地访谈的企业一般都比较避讳谈及竞争对手，因此频次和频率稍微有些低。

在编码之前，编码者需要参考本研究预先建立的"地理—来源"组合创新搜寻模式类别，以对访谈材料进行归类。根据本章研究的需要，本章按照相关理论预先对"地理—来源"组合创新搜寻模式的各种类型进行定义，即明确每一个内容分析单元是可以被放进这 6 种

表 4-3 "地理—来源"组合创新搜寻模式六维度结构初探

概念	维度	项目举例	频次	频率
「地理—来源」组合创新搜寻模式	本地合作者	• 从供应商那里获得技术支持 • 从面向本行业的科研机构获得技术支持 • 收购供应商,扩大企业自身产能	20	15.7%
	本地竞争者	• 如果是同一个客户,会去观察竞争对手的产品、运营模式等	17	14.4%
	本地产业外组织	• 当地的大学为企业提供了人才,有利于人才递进	19	15%
	外地合作者	• 参加展会获得时尚信息和流行趋势 • 从国外客户那里获得流行趋势和质量要求等信息	35	27.6%
	外地竞争者	• 会关注与外地竞争者在产品上的差异	15	11.8%
	外地产业外组织	• 与外地的咨询机构合作,改造企业的运营模式	21	16.5%

分类还是会被排除在外;然后根据已有的相关研究对每种分类构建编码表。

首先,根据本章文献综述部分的讨论,我们将基于地理边界的创新搜寻模式和基于来源的创新搜寻模式进行组合,构建了"地理—来源"组合创新搜寻模式,并将"地理—来源"组合创新搜寻模式分为本地合作者、本地竞争者、本地产业外组织、外地合作者、外地竞争者和外地产业外组织等6种类型。其中,产业横向维度上的企业是指具有相似的知识和能力并一起执行相似活动(比如生产相似产品)的企业,通常是竞争者;产业纵向维度上的企业通常通过输入/输出的关系链接起来且具有互补的知识和能力,如顾客、供应商等(Maskell,2001)。本地合作者、本地竞争者等6种创新源的定义如表4-4所示。

表 4-4　"地理—来源"组合创新搜寻模式类别

类　别	定　义
本地合作者	指来自本集群企业所在的同一个市,且与本企业通过输入/输出的关系链接起来,如本企业的顾客、供应商等(Maskell, 2001)。
本地竞争者	指来自本集群企业所在的同一个市,且与本企业执行相似活动(比如生产相似产品)的企业。
本地产业外组织	指来自本集群企业所在的同一个市,且不属于本企业所属行业的组织。
外地合作者	指来自本集群企业所在的市以外的地区,且与本企业通过输入/输出的关系链接起来,如本企业的顾客、供应商等(Maskell, 2001)。
外地竞争者	指来自本集群企业所在的市以外的地区,且与本企业执行相似活动(比如生产相似产品)的企业。
外地产业外组织	指来自本集群企业所在的市以外的地区,且不属于本行业的组织。

　　其次,我们通过构建编码表和编码规则,识别每一个可以被放入要素类别的分析单元。内容分析法很重要的一点在于确立并识别与编码内容特征相契合的明晰规则,而编码表的构建过程本身就是识别与编码内容特征明晰规则的确立过程(郑佳,2010)。本章预先设立了"地理—来源"组合创新搜寻模式的编码表,从本地合作者、本地竞争者、本地产业外组织、外地合作者、外地竞争者和外地产业外组织等 6 个方面来分析"地理—来源"组合创新搜寻模式。具体见表 4-5。

表 4-5　6 个维度的编码

本地合作者	外地合作者
本地供应商的知识	外地供应商的知识
本地客户或用户的知识	外地客户或用户的知识
本地面向本行业的科研机构的科技知识	外地面向本行业的科研机构的科技知识
本地各类展销博览会的信息	外地各类展销博览会的信息
本地专业性会议、论坛的信息	外地专业性会议、论坛等的信息
竞争者	**外地竞争者**
本地竞争对手的知识	外地竞争对手的知识
本地产业外组织	**外地产业外组织**
本地大学的科技知识	外地大学的科技知识
本地中介服务机构的服务	外地中介服务机构的服务
本地面向其他行业的科研机构的知识	外地面向其他行业的科研机构的知识
本地其他行业的企业的知识	外地其他行业的企业的知识
本地咨询公司的知识	外地咨询公司的知识
本地银行的知识	外地银行的知识
当地政府的知识	外地政府的知识

注："本地"指集群企业所在的市以内的地区，"外地"指集群企业所在的市以外的地区。

2. 素材分析

编码信度的检验。遵循科学研究的法则，同时也为了保证研究方法的严谨性，本章对内容分析的信度和效度进行了检验。本章首先根据李本乾（2000）等学者的做法对信度进行了检验，即通过计算编码者的一致性程度得出内容分析的信度。该做法的判断标准是，假如编码一致性系数在 0.90 以上则认为该内容分析的信度处于较好水平，如果达到 0.80 以上的则认为该内容分析的信度处于可接受水平。其次，本章根据袁登华（2005）提出的编码一致性系数的计算公式对编码的信度进行了检验，该公式为：$CA = (T_1 \cap T_2 \cap T_3)/(T_1 \cup T_2 \cup T_3)$，其中，$T_1$ 表示第一个编码员的编码个数，T_2 表示第二个编码员的编码个数，T_3 表示第三个编码员的编码个数，$T_1 \cap T_2 \cap T_3$ 表示三个编码员编码归类相同的个数，$T_1 \cup T_2 \cup T_3$ 表示三个编码员的编码总数。最后，通过数学计算得出本研究所进行的内容分析的编码信度，结果如表 4-6 所示。

表 4-6　编码信度结果

概念	内容类别	定　义	一致性程度
「地理—来源」组合创新搜寻模式	本地合作者	指来自本集群企业所在的同一个市，且与本企业通过输入/输出的关系链接起来，如本企业的顾客、供应商等（Maskell，2001）。	0.82
	本地竞争者	指来自本集群企业所在的同一个市，且与本企业执行相似活动（比如生产相似产品）的企业。	0.90
	本地产业外组织	指来自本集群企业所在的同一个市，且不属于本企业所属行业的组织。	0.81
	外地合作者	指来自本集群企业所在的市以外的地区，且与本企业通过输入/输出的关系链接起来，如本企业的顾客、供应商等（Maskell，2001）。	0.89
	外地竞争者	指来自本集群企业所在的市以外的地区，且与本企业执行相似活动（比如生产相似产品）的企业。	0.87
	外地产业外组织	指来自本集群企业所在的市以外的地区，且不属于本企业所属行业的组织。	0.85

根据一致性的统计结果，编码者对于本地合作者等 6 个维度的编码均表现出较高的一致性程度，6 种创新搜寻类型的一致性系数均在 0.81 以上，表明编码结果处于可接受的水平。

编码效度的检验。在对编码效度进行检验方面，现在最为常用

的检验方法是对其内容效度进行检查,其中,"内容效度比(CVR)"通常被用来评判编码结果的效度,CVR 的计算公式为:

$$CVR = (Ne - N/2)(N/2)$$

其中,公式中的 Ne 为认为项目很好表示测量内容的评判者人数;N 为评判者的总人数(郑佳,2010)。CVR 的取值为 $-1 \sim 1$,若所有的评判者认为项目内容很好时,则 CVR 取值为 1.00;若认为项目好和不好的人数对半时,则 CVR 取值为 0;若认为项目内容适当的评判者不到半数时,则 CVR 取值为 0(王重鸣,2001)。本研究分别测算了三位编码者对 127 个分析单元编码结果的 CVR 值,结果表明,在 127 个分析单元中有 110 个分析单元的 CVR 值为 1.0,剩余的 16 个分析单元的 CVR 值为 0.33,表现出较好的内容效度。

根据以上的分析,本研究认为创新搜寻的"地理—来源"组合创新搜寻模式的 6 个维度组成是合理的,即包括本地合作者、本地竞争者、本地产业外组织、外地合作者、外地竞争者以及外地产业外组织。因此,以上的分析结构初步验证了研究的构思。

在实地访谈过程中,研究者特别提到了创新搜寻对于企业创新绩效的影响,大部分访谈对象也赞同创新搜寻对于企业创新绩效产生较大的影响,现把较为具有代表性的观点整理汇编如表 4-7 所示,这些内容为本研究的构思提供了初步的验证,至于统计上"地理—来源"组合创新搜寻模式对于企业创新绩效的影响还有待于进一步的实证研究。

表 4-7　6 个维度的典型回答

维　　度	被访者典型回答（有代表性的具体观点举例）
本地合作者	"在两者的合作期内，中纺院本地曾有一位老技术员在新天龙的染厂与新天龙员工共同工作了两个月，指导员工染厂的设备仪器该怎么调整，期染料该怎么调配，这样做出来的面料颜色才会饱满；纱线达到一个什么样的黏度，最终产品才会感觉舒适。借助中纺院的技术，部分产品销往美国后，毛利润比普通面料高出近 15％。"
本地竞争者	"对于本地的竞争对手，企业会全面考量竞争对手的产品、运营、销售模式等方面的做法，借鉴竞争对手的做法从而提升企业的产品、运营等方面的竞争优势。"
本地产业外组织	"对于敦奴来说，敦奴的设计对象为 30～45 岁的白领女性，所以对设计师的要求比较高。敦奴会跟大学进行合作，但是主要是从人才递进方面进行考虑，为敦奴培养未来的设计师。"
外地合作者	"敦奴有一个欧品的品牌，直接从法国采购成衣，运到国内之后进行销售，这样创造了品牌优势。敦奴是法国的二线品牌，直接从法国采购成衣到中国销售，这样可以使敦奴与国际二线品牌竞争，同时扩大企业的市场份额。毕竟盈利是企业最需要考虑的，而敦奴这一自有品牌开店数量也是有上限的，不可能无限制开。"
外地竞争者	"我们企业主要关注外地竞争者的产品，会根据地域特色形成具有差异化的产品。毕竟地域跟地域之间所形成的产品差异对企业的影响也是很大的。"
外地产业外组织	"企业最近一段时期请了北大纵横咨询公司为企业进行流程的改进工作。虽然说新流程体系开始运行没多久，我们刚开始使用时也遇到了很多的麻烦，但是我们相信现在做的是有意义的，未来能够提升企业运行的效率。"

　　通过对实地调研访谈结果的讨论和分析，本章最开始提出的问题得到了部分解决，即将"地理—来源"组合创新搜寻模式划分为 6 个维度存在一定的合理性。"地理—来源"组合创新搜寻模式可以被划分为本地合作者、本地竞争者、本地产业外组织、外地合作者、外地竞争者和外地产业外组织 6 个维度，6 个维度中，外地合作者被提及的

频次最高。同时,文章编码的信度和效度结果较好,且 6 个维度对于创新绩效的关系与访谈结果基本一致。因此,本研究的初步研究构思获得了访谈研究的支持。但是,访谈研究最初提出的几个问题并没有得到全部解决,比如本地创新源和外地创新源对于企业创新绩效的影响是否存在差异,企业是否会采用不同的方法以搜寻本地和外地的知识,这些问题都有待于我们进行深入的案例研究。因此,在以上访谈研究的基础上,我们将采用单案例分析对案例研究对象的具体经营管理活动进行深层次的研究。

3.案例分析

案例研究是构建和验证理论的有效方法,它适用于探索事物的内部机制和寻找事物之间的因果关系等情境,能够比较清楚地回答"是什么"和"为什么"这两类问题(Eisenhardt,1989;Yin,1996)。另外,案例研究能够通过从现实情景中的现象或事例出发捕捉社会现象的实际细节,通过对案例的深入剖析能够更好地检验研究框架中提出的问题,进而为理论构建或验证建立基础(Yin,1981)。根据目的来分类,案例研究的类型可以被划分为描述性、解释性、评价性和探索性案例研究四类。

(1)案例研究方法和对象的选择

在案例研究方法的步骤方面,项保华、张建东(2005)认为它们就如企业的战略规划一样指导研究者进行研究。他们综合了 Yin 的五步案例研究方法(研究设计、为收集数据而准备、收集数据、分析数据和撰写研究报告)(Yin,1996)和 Einsenhardt(1989)的案例研究方法(包括理论抽样)(Eisenhardt,1989),并结合战略管理研究的特点提出了新的研究步骤(如图 4-1 所示)。这些研究步骤往往是相互重叠、来回重复的(项保华、张建东,2005),本章根据图 4-1 所示的研究方法来进行研究。

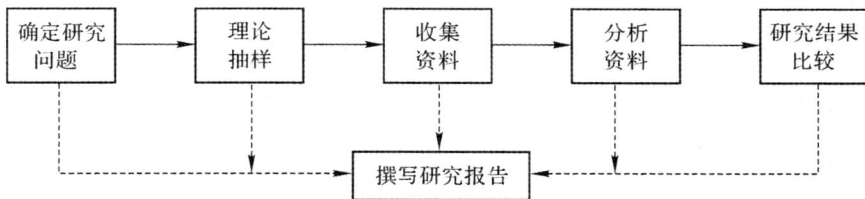

```
┌────────┐   ┌────────┐   ┌────────┐   ┌────────┐   ┌────────┐
│确定研究│ → │ 理论   │ → │ 收集   │ → │ 分析   │ → │研究结果│
│ 问题   │   │ 抽样   │   │ 资料   │   │ 资料   │   │ 比较   │
└────────┘   └────────┘   └────────┘   └────────┘   └────────┘
```

图 4-1　案例研究方法步骤

来源:转引自项保华、张建东(2005)。

通过前一节的分析,我们探讨了"地理—来源"组合创新搜寻模式的合理性,并且对本研究的初步研究构思进行了验证,对"地理—来源"组合创新搜寻模式各个类别和创新绩效之间的关系有了一般的认识。但是在真实的社会实践中,这些关系是怎样在企业的创新实践中体现的呢?要回答这个问题,需要对真实社会经济环境中集群企业的创新活动进行完整细致的审视。另外,对于访谈研究最初提出的一些基本问题,即本地创新源和外地创新源对于企业创新绩效的影响是否存在差异,企业是否会采用不同的方法以搜寻本地和外地的知识,这些问题都有待于我们进行深入的案例研究进行探讨。以上是我们开展案例研究的原因和目的所在。

本文主要关注对象为集群企业的创新搜寻活动及其对创新绩效的影响,因此,为了确保案例研究的有效性和代表性,我们综合考虑了企业性质(产业集群里的企业)、经营现状(企业具有创新活动)、企业规模(应该具有代表性)等多方面的因素,对案例研究的样本进行了慎重的选择,并最终选取了新天龙纺织有限公司作为本次案例研究的对象,主要基于以下几点考虑:①新天龙纺织有限公司位于绍兴市袍江工业园区,属于绍兴市纺织服装产业集群企业。作为产业集群里的企业,新天龙纺织有限公司注重创新活动,将创新视为企业持续经营发展的动力。②企业经营规模的代表性。新天龙纺织有限公司已经成立了 14 年,目前发展成为上千人规模的公司,从规模上来讲,在所有访谈调研的企业中具有代表性。③资料来源的真实性和丰富性。本研究作者亲自到新天龙纺织有限公司进行了实地调研,获取了调研的第一手资料。同时,新天龙官网和媒体报道等资料较为丰富,一方面有利于数据的收集,另一方面也有利于资料真实性的交叉验证。

在确立研究对象之后,也为了提升研究结果的信度和效度,本研究通过以下多个渠道收集研究对象的相关资料和数据:①本书作者到新天龙公司所在地——绍兴市袍江工业园区进行了实地调研,与新天龙的研发部负责人进行了 1 个多小时的深度访谈;②在新天龙研发部负责人的陪同下实地参观了公司,了解了其产品研发和创新等方面的情况;③从公司官网和其他可信度较高的媒体采访和报道中获得研究对象的其他相关信息,根据三角验证的原则对资料的真实性进行验证。在从上述三种渠道获得企业的相关资料之后,本研究采用关键事件法进行案例开发,进一步深入探讨集群企业的"地理—来源"组合创新搜寻模式对企业创新绩效的影响,从而进一步验证和完善本研究的理论构想,以期为下一阶段的问卷研究奠定基础。

(2)案例研究对象概况

新天龙纺织有限公司的前身为成立于 1994 年的龙江布行,当时从事国内纺织品销售。在新天龙的发展过程中,其经历了从国内市场转向国际贸易,从中低档市场(中东市场)转向高档市场(欧洲、美国)的两次转型。① 1999 年,公司负责人看重巨大的国际市场,将公司更名为绍兴县新天龙纺织有限公司,开始转做国际贸易。在随后的10 多年时间里,新天龙致力于纺织服装行业的横向发展和纵向渗透,并快速成长为一家集纺织品制造与国际贸易、时尚服装品牌开发与零售、电子商务于一体的综合性集团企业。新天龙纺织有限公司旗下包含多个子公司,包括中纺新天龙、百瑞印染、Sevendays、7d. com. cn、7-Giorni 等,每家公司都由专业的团队独立操作。从设计到印染再到服装生产和销售等,新天龙纺织有限公司逐渐打造了服装纺织行业从上游到下游的完整产业链。

在纺织品制造与国际贸易方面,新天龙与中国纺织科学研究院在 2004 年合作成立了浙江中纺新天龙纺织科技有限公司,以国际贸易和研发为经营核心,年销售额近 10 亿元。同时,新天龙与来自美国、欧洲和世界其他地区的许多国际知名品牌商和进口商,例如 M & S、NEXT、CK 等建立了长期稳定的业务关系,新天龙每年 40％的产品都提供给了这些国际知名品牌。在时尚服装品牌开发与零售方面,新天龙纺织有限公司于 2009 年成功收购香港服饰品牌 SEVEN DAYS,并成立上海世芬笛施服饰有限公司。

新天龙纺织有限公司现拥有 1000 余名员工,中高层管理团队95％具备大学学历。基于国际化战略,新天龙在美国纽约设有分公司,与意大利知名设计师团队建立长期合作关系,并引进了具有跨国公司管理经验的人才,以加强公司国际化的进程②,全面提升内部管理水准。另外,新天龙在发展过程中非常注重研发,将研发和创新视

---

① 资料来源:周防猛,张龙江. 转型转出"新天地"——服装业:中国制造向中国品牌转型的新星,http://www.jinhoucy.com/chuangyeshipin/2190.html.
② 资料来源:新天龙集团介绍.http://www.7d.com.cnhelp1.

为公司立足市场的根本,将"创新商业及管理模式、打造传统产业核心竞争力"作为公司秉承的发展理念。

　　新天龙纺织有限公司在企业发展过程中的典型事件如表 4-8 所示。

表 4-8　研究对象发展过程中的典型事件①

年份	典　型　事　件
1994	成立龙江布行,主要从事国内纺织品销售
1999	公司更名为绍兴县新天龙纺织有限公司,开始转做国际贸易
2002	入股绍兴中纺化工有限公司
2004	与中国纺织科学研究院合作成立浙江中纺新天龙纺织科技有限公司;成立天津办事处
2005	美国纽约分公司成立
2006	入股中国纺织科学研究院化工股份有限公司
2007	成功收购绍兴百瑞印染有限公司;成为中国纺织科学研究院江南分院染整技术实验基地及面料研发基地
2008	成立上海新天龙网络科技有限公司
2009	上海新天龙网络科技有限公司网络销售平台"海上网"正式上线;成功收购香港服饰品牌 SEVEN DAYS,成立上海世芬笛施服饰有限公司

（3）案例公司创新搜寻的关键事件

　　针对从访谈和媒体报道等多种渠道获取过来的案例资料,本研究采用关键事件法对这些资料进行分析,从中获取对企业创新搜寻过程来说较为重要的关键事件。通过对这些关键事件的深入剖析,本研究一方面可以进一步探讨本地和外地不同知识来源（如本地合

---

　　①　资料来源:公司官网——发展历程,http://www. sintalon. com/company_gsjs. asp.

作者和外地合作者)在对企业创新绩效影响上的差异,另一方面也可以从中发现企业搜寻不同来源的知识所采用的搜寻方式的不同,这些都将为后续假设的提出和实证分析奠定研究基础。

关键事件 1:从本地的合作者处搜寻知识。

与面向本行业的科研机构合作,从中搜寻到有助于企业研发的技术知识。新天龙纺织有限公司在成长过程中,重视面向与本行业的科研机构的合作。2004 年,新天龙纺织有限公司和中国纺织科学研究院合作成立了中纺新天龙纺织科技有限公司。[①] 新天龙认为"只有研发新产品才可以让企业在市场上立足,而中纺院在技术方面占有优势"。因此,新天龙会积极要求中纺院提供纱线、纺织等方面技术上的支持,为其解决技术上的难题。在两者的合作期内,中纺院曾有一位老技术员在新天龙的染厂与新天龙员工共同工作了两个月,指导员工染厂的设备仪器该怎么调整,期染料该怎么调配,这样做出来的面料颜色才会饱满;纱线达到一个什么样的黏度,最终产品才会感觉舒适。借助中纺院江南分院的技术,新天龙每天有 4 种新面料诞生,微孔纤维项目产品销往美国后,毛利润比普通面料高出近 15%[②]。

收购本地的印染企业,扩大企业的生产能力。2007 年,新天龙斥资近亿元成功收购了绍兴百瑞印染有限公司,成功收购后,绍兴百瑞印染有限公司成为绍兴新天龙集团下属企业。绍兴百瑞印染有限公司是一家专业从事T/R弹力类、T/C、天然纤维织物类、弹力系列、棉麻类的染色后整理加工企业,拥有完全配套的进口轧染和浸染设备。

---

① 资料来源:公司官网——企业介绍,http://www.sintalon.com/company.asp.

② 资料来源:周智敏.绍兴工业创新找准科技"引擎".浙江日报,2007-11-18,http://zjdaily.zjol.cnhtml2007-11/18/content_481956.htm.

公司占地 12 公顷,建筑面积 3 万平方米,现有员工近 600 人,年生产加工能力为 1 亿米。新天龙成功收购百瑞印染有限公司之后,印染能力得到了大幅度的提升,并且可以以染厂为依托,预估在市场上受欢迎的颜色或者根据客户的需求对布料进行染色。因此,对于新天龙纺织有限公司来说,收购其产业链上游的百瑞印染有限公司扩大了企业的生产能力,使企业能够更加从容应对市场需求的变化。

关键事件 2:从外地的合作者处搜寻知识。

与意大利的设计咨询公司合作和参加国外的时尚展会,从中搜寻到市场流行趋势的知识。为了把握国际流行趋势,加强专业面料的设计和开发,新天龙纺织有限公司与意大利拉米时装设计咨询有限公司(RRS)展开了全面合作,并建立了长期的合作关系。意大利拉米时装设计咨询有限公司(RRS)以纺织时尚产业的工程、设计和专业性著称并提供与时尚产业相关的市场行情和信息交流服务。与意大利的设计咨询公司合作,新天龙可以从意大利的设计师会那里获取关于时尚前沿和流行趋势的信息,包括衣服的材质、款式和颜色等方面的流行趋势。同时,公司会按照搜寻到的这些时尚信息进行产品的开发,并提供样品布。一个典型例子是,2011 年 4 月,新天龙研发中心与意大利面料设计师 ANDREA 在新天龙公司就 2012 年秋冬国际女装面料流行趋势进行了深入的交流和探讨(纺织服装类企业研发会提前 1 年左右),并确定出了 2012 秋冬女装面料流行趋势。同时,新天龙非常重视本土和国外的时尚展会,其参与的主要展会包括上海时装展和巴黎时装展,在时装展上,新天龙会展示其当前研发的所有新产品。同时,企业会让一些研发部的设计师参与展会,研发部人员会搜寻关于技术、流行的面料、流行的款式等方面的信息。

与国外客户合作,从中搜寻到符合国外市场流行趋势、消费者需求的知识,同时控制企业产品的投放速度。新天龙纺织有限公司主要从事国际贸易,其客户大多来自于国外。[①] 国外客户会将样品的图片或者样品的要求发送给新天龙。客户信息发送到新天龙之后,公司根据自己的能力和侧重点判断是不是符合新天龙的定位,如果两者都符合,公司就进行样品的生产。另外,有些客户会直接提供一个样品给新天龙,公司的技术人员会对样品进行分析,然后为客户进行产品的开发。与客户合作开发新产品的例子很多,其中包括 2008 年美国副总统竞选期间,佩林所穿的竞选服装即为 CK 根据新天龙的面料进行设计和生产的。在实际合作过程中,新天龙跟客户之间需要进行多次的交流沟通,以使面料符合品牌客户所提出的质量标准,包括款式、颜色、起毛、起球和撕裂程度等。品牌客户也会首先测试面料和款式在市场上的受欢迎程度,然后根据预售的情况再给面料公司下订单。同时,新天龙会配合品牌客户的要求而选择新产品投放速度。纺织服装行业强调研发和生产的周期性,因此新天龙认为研发不是越早越好,而是需要配合品牌客户的要求,因为过早投入新产品一方面很可能会因为企业对于市场信息把握不准确而导致之前的面料研发、设计和生产成为"沉没成本",另一方面也会白白闲置公司的劳动力资源等。

收购外地的服装企业,实现品牌和市场的创新。2009 年,新天龙成功收购了香港的集成店品牌——SEVEN DAYS,成为新天龙成功打入国际市场的第一步。[②] SEVEN DAYS 始创于 2005 年,其摒弃传统服饰发展模式,将发展目标锁定为经营快速流行与多品牌集成店项目。收购 SEVEN DAYS 之后,新天龙在 2~3 年之内就将原有的 7

---

① 资料来源:孙浩耕,陈巧玲.张龙江:左手胆略,右手战略.纪实,2008(9).

② 资料来源:赵燕菁.张龙江的创业故事,http://www.soe.org.cnwikiindex.php? doc-view-143.

家店扩张到了 24 家店铺（营业面积约 1.2 万平方米）。新天龙将这些店面分布于上海、北京等中国一线城市，并正在筹备意大利、纽约、东京、中国香港等海外旗舰店。2012 年年底店铺总数可达到 80 家、营业面积约为 4 万平方米。收购香港的知名服装品牌，使得新天龙延伸了产业链，而不光局限在面料的生产和开发上。另外，SEVEN DAYS 服装品牌定位于一二线城市比较高端的白领，市场也逐渐从国内的上海、北京等大城市拓宽到纽约、东京等国际大都市。成功收购外地的服装品牌，不仅实现了品牌的创新，同时也实现了市场的创新。

关键事件 3：从本地竞争者处搜寻知识。

绍兴纺织产业集群规模在全国占据重要地位，形成了从原材料到面料到服装的完整产业链。作为纺织服装产业集群所在地，绍兴聚集了众多规模大小不一的纺织服装企业，并且这些集群企业擅长于化纤布料的生产。因此，竞争者众多的绍兴纺织服装行业竞争异常激烈。对于新天龙纺织有限公司来说，公司以套装面料为主打产品，同时客户群体也以品牌客户为主。品牌客户具有成熟的研发团队和销售团队，其接触的层面比较高，因此对供应商的品质管控、产品研发和销售意识方面的要求也相应较高，一般生产企业无法达到品牌客户的需求，新天龙经过十几年的发展已经积累起了相当的实力和信誉，因此能够满足品牌客户的需求。在对待本地竞争对手的态度上，新天龙认为如果新天龙与绍兴当地一家企业面对的是同一个客户，新天龙会分析竞争者的研发模式、销售模式、与客户沟通的模式以及产品质量和价格等方面的差异，参考竞争对手的做法从而提升自身的竞争力。比如，竞争对手是否因为只做一种款式的面料生产和研发从而得到客户的青睐，竞争对手的运营模式上是否比新天龙公司更有可取之处，在与客户的沟通模式上是否比新天龙更加有效？总之，对于本地的竞争对手，新天龙会全面考量竞争对手的产品、运营、销售模式等方面的做法,借鉴竞争对手的做法从而提升企业的产品、运营等方面的竞争优势。

关键事件 4:从外地竞争者处搜寻知识。

对于纺织服装来说,国内不同地区在染布的布料生产方面各有特色,比如绍兴擅长化纤布料的生产,江苏擅长格子布的生产,山东则擅长批布的生产。对于新天龙来说,其所面对的为品牌客户,这些客户对于供应商的品质管控、产品研发和销售意识方面的要求也相应较高,因此,一般外地的小企业无法与新天龙在同一层面竞争。不过,这些小企业虽然综合实力不强,没有能力与品牌客户合作,但是这些企业的工厂在生产某一类型的布料方面比较强,同时也会发挥其纯生产企业的生产优势。因此,新天龙会充分发挥这些小企业的优势,为这些企业提供产品研发的概念,通过整合这些竞争者的资源来创造价值。另外,即使外地公司规模与新天龙类似,同时也服务于品牌客户,但是不同公司也会因为所处地区的产业特色而具有不同的产品竞争力,比如新天龙在化纤方面具有优势,山东的面料企业在棉布的供应方面具有优势。因此,新天龙会关注产品差异,着力打造差异化的产品。

关键事件 5:与外地的产业外组织合作。

与外地的产业外组织合作,改进新天龙的运营系统,打造新的销售渠道。新天龙发展到了一定阶段,开始重视企业的规范运营,希望借此提升企业的运营效率,因此它与南北软件公司进行合作,共同开发针对新天龙纺织有限公司的 ERP 系统。该系统的开发分为两个阶段,第一阶段主要针对企业的贸易体系,第二阶段主要针对企业的其他部门的规范运营。在第一阶段的开发中,ERP 系统会将企业产品销售过程中涉及的合同、采购单和订单等所有客户的资料记录在系统里面。第二阶段涉及企业的其他部门运营规范,包括规范单证操作,行政部门的记录,等等。打造 ERP 系统,一方面规范公司的运营,另一方面也会使公司管理者及时了解公司的样品、订单、合同和财务信息等关于企业运营方面的状况,为管理者的决策提供依据。2009 年 8月,经过新天龙 ERP 项目组成员和全公司员工一个半月的顽强拼搏与合力攻坚,ERP 项目第一阶段顺利上线运行,实现了贸易流程信息化运作。新天龙的管理信息化跨上了一个新的水平。

2008 年,针对企业印染废水实际产生量远远超出日排放指标而使企业面临减产和停产的问题,新天龙投资 1300 万元与天津工业大学合作攻关完成了印染废水脱色处理及回用的治污技术。[①] 此项技术的原理主要是通过厌氧菌与水中染料发生化学作用,实现印染废水的脱色及回用,而经过处理的轻污染水可以达到再利用的效果。同时,新天龙处理后的印染废水仍含有可重复使用的化学品,如盐和助剂等,大大节省了企业的原料成本。新天龙与天津工业大学合作的治污技术不仅实现了企业废水的内部消化,减少了排放量,同时每年为企业节省成本 630 万元[②],实现了企业社会效益和经济效益的双赢。另外,新天龙与苏州蜗牛电子的"第一虚拟商务"合作,实现了行销渠道的创新。[③]

(4)案例内容归纳和分析

在对新天龙纺织有限公司进行实地调研的基础上进行的案例分

[①] 资料来源:孙浩耕,陈巧玲.张龙江:左手胆略,右手战略.纪实,2008(9).

[②] 资料来源:肖莹.浙江新天龙纺织:国际化战略进行时,http://news.webtex. cninfo2009-7-21@373602_1.htm.

[③] 资料来源:肖莹.浙江新天龙纺织:国际化战略进行时,http://news.webtex. cninfo2009-7-21@373602_1.htm.

析中我们可以看出,新天龙从本地的纺织研究院(指产业链上的纵向合作企业)处搜寻到了有助于企业产品研发的技术知识,帮助企业实现了技术上的突破。同时,新天龙在 2007 年收购的百瑞印染有限公司帮助企业扩大了印染能力,帮助企业从容应对市场的变化和挑战。因此,对于新天龙来说,搜寻本地合作者的知识更多是从技术支持和生产能力扩大方面帮助企业进行创新。而从外地合作者处搜寻到的知识与从本地合作者处搜寻到的知识就有明显的不同。新天龙从意大利的设计咨询公司和国外的时尚展会中搜寻到了关于市场流行趋势的知识,有助于新天龙把握市场的流行趋势,从而为企业面料的设计和研发把握准基调。与国外客户合作,新天龙可以从中搜寻到符合国外市场流行趋势、消费者需求的知识,同时能够控制企业新产品的投放速度,实现企业资源的合理运用。通过收购外地的服装企业,新天龙可以实现品牌和市场的创新。在竞争者方面,对于本地的竞争对手,新天龙会全面考量竞争对手的产品、运营、销售模式等方面的做法,借鉴竞争对手的做法从而提升企业的产品、运营等方面的竞争优势;对于外地竞争者,新天龙会关注不同地域之间的企业在产品上的差异,着力打造差异化的产品。最后,在产业外组织方面,本地的产业外组织可以帮助新天龙实现人才方面的递进,而外地的产业外组织可以帮助新天龙改进运营系统,提升运营效率;改造废水治理系统,帮助企业缩减成本;同时能够打造新的销售渠道。新天龙从本地和外地的各种创新搜寻源搜寻到的知识如表 4-9 所示。但是,在实地的调研和案例分析中,以下几方面的问题也值得引起重视:

表 4-9　新天龙创新搜寻源及搜寻内容、机制和方式

地理	创新源	创新源提供的内容	对企业的作用和结果	搜寻方式	模式
本地	本地的印染企业——百瑞印染	成为新天龙下属的印染企业，从而服务于新天龙	扩大了新天龙的印染能力，提高了企业印染水平	收购	本地
	本地科研机构	技术骨干到新天龙集团实地解决问题	技术支持实现产品创新	投资、合作	本地合作者
	本地客户	根据客户要求进行生产	根据客户要求进行生产	合作	
	本地大学	当地的大学为其提供企业发展所需的人才	实现了企业人才的递进	招聘	本地产业外组织
	本地竞争者	运营模式、客户管理方式、产品差异	关注运营模式和销售模式等差异，实现品差异化	实地考察	本地竞争者
外地	意大利设计咨询公司	提供市场流行趋势和时尚信息	把握住了市场的流行信息和时尚信息	聘请专家	外地合作者
	美国办事处	加强与客户的联系	增强与客户的信任，及时反馈客户的需求	设立办事处	
	香港的服装品牌	整体收购，并在全球进行开店	实现品牌创新，成功打入国际市场，实现了市场创新	国际品牌整体收购	
	国外的品牌客户	产品创新，配合品牌客户的要求而选择新产品投放速度	产品创新；新产品投放速度	合作	
	国际时尚展会	市场的流行趋势，向客户推出企业产品	把握流行趋势和时尚信息	国际展会	
	外地供应商	提供差异化的产品	满足客户的不同需要	合作	
	外地竞争者	关注竞争对手的款式等产品差异	形成差异化产品	实地考察	外地竞争者
	外地大学	与天津工业大学合作开发了一套废水处理系统	技术攻关，从而实现了运营成本的节约	投资、合作	
	产业外电子商务企业	第一虚拟商务，打造 3D 网络体验式行销平台	实现了渠道的创新	投资、合作	外地产业外组织
	产业外的软件企业	打造 ERP 系统	规范企业运营，提升企业运营效率	投资、合作	

第一,因为地理边界的存在而影响企业的创新搜寻对象的选择。对于新天龙来说,参加外地展会是其获得时尚前沿信息的重要方式,因此企业在最初几年会非常积极地参加巴黎展会和上海展会。但是,由于考虑到包括机票在内的参会成本实在较高,公司在最近几年从成本节约的角度不再考虑参加巴黎展会。新天龙在多年的发展过程中已经积累了比较丰富的客户群体,因此企业没有必要在巴黎展会上去寻求新客户。因此,对于企业来说,由于地理边界的存在,外地搜寻会保持在一个范围之内,超出一定阈值企业便会衡量实际成本和收益。

第二,从本地合作者处搜寻到创新所需的知识的难度越来越大。在实际访谈中,公司研发部负责人也坦言与本地的科研机构(中纺院)进行合作创新的难度越来越大,虽然最初一段时间的合作为企业带来了较多的产品方面的创新。但是随着时间的推移,公司最近几年与中纺院合作创新的例子也越来越少,公司苦恼于如何寻找到另一条创新之路。

(5)案例分析与总结

根据对现实问题的思考和对理论研究的综述,本研究构建了"地理—来源"组合创新搜寻模式来分析集群企业在处理搜寻本地知识和搜寻外地知识之间的关系问题。同时,本书也采用了访谈研究和案例研究来验证本书研究构思的合理性。通过访谈研究,我们明确了"地理—来源"组合创新搜寻模式将企业的创新搜寻对象划分为本地合作者等6种类型的合理性。本章采用案例研究法,通过关键事例分析了集群企业的本地搜寻对象和外地搜寻对象在搜寻内容上的差异,为上文的研究构思提供了支持,也为后文的假设提出提供了事实依据。

通过案例陈述，我们对本地创新源和外地创新源所提供的知识之间的差异有了较为直观的理解，同时也了解了"地理—来源"组合创新搜寻模式与企业创新绩效之间的关系。从案例中可以看出，对于企业来讲，它们在进行创新搜寻时会非常注重结合不同地域、不同创新源的优势，以此贡献于企业不同形式的创新（见表 4-10）。

表 4-10　6 种搜寻类型在机制和方式上的差异

概念	维　度	机　　制	方　式
「地理—来源」组合创新搜寻模式	本地合作者	研究院的技术支持以实现产品创新； 产能提高以更能应对市场需求变化	合作 收购
	外地合作者	把握市场流行趋势，掌握时尚信息； 掌握需求信息，把握产品面市时间； 收购品牌企业实现市场和品牌创新	国际展会等 业务往来 收购品牌
	本地竞争者	关注运营模式、销售模式等差异	实地考察
	外地竞争者	关注产品的差异，形成自己的特色； 关注竞争对手的款式等产品差异	实地考察 实地考察
	本地产业外组织	招聘人才，培养企业未来所需的设计师	人才招聘
	外地产业外组织	改造废水处理系统，助企业缩减成本； 打造 ERP 系统，提高企业的运营效率； 打造 3D 虚拟商务，实现行销渠道创新	投资、合作 投资、合作 投资、合作

第一，对于创新源之一的合作者，企业针对本地合作者更多的是获得产品生产的技术方面的知识以提高其技术实力和生产水平；同时也通过并购当地的印染企业从而扩大企业的产能，从容应对市场的变化。但是对于外地合作者来说，企业更多地从它们那里获得关于市场流行趋势和时尚前沿信息，并结合客户需求以把握产品面向市场的时间，同时，通过收购外地企业实现企业品牌和市场的创新。因此，企业从本地合作者那里获取针对产品的技术和生产知识，从外地合作者那里获取关于市场和品牌的知识。

第二,对于竞争者来讲,因为竞争者之间执行相似活动(比如生产相似产品),而且集群企业与本地竞争者之间由于地理上的临近使得集群企业非常关注竞争者的运营模式、销售模式等方面存在的差异;因为地域上的特色,集群企业会着重关注外地竞争者的产品差异,形成差异化的产品。

第三,对于产业外组织来说,集群企业注重从本地产业外组织招聘人才,注重企业人才的递进;而从外地的产业外组织获得关于运营效率提高、成本减少方面的知识,同时结合产业外组织的技术在企业的营销模式上进行创新。

总的来说,通过案例研究我们发现了研究构思中本地和外地不同创新源之间在内容上的差异,较好地解决了本章开始所提出的几个问题,也为后文的假设提出及实证结果探讨提供了事实依据,因此对本书的研究构思不做修正。

4.3.2 双元学习的相对重要性与集群企业绩效

1. 问题的提出

在经济、技术全球化背景下,产业集群在世界范围内蓬勃兴起并快速发展,成为区域经济发展的有效载体和组织形式。但是,随着全球化的持续扩展和深化,包括中国在内的许多发展中国家的集群企业持续成长面临困境,产业集群面临着日益严峻的升级压力。从本质上,集群企业持续成长和产业集群升级取决于集群企业的学习能力。

集群企业的学习能力主要涉及学习空间和学习模式两个方面。从学习空间看,集群企业的学习可以分为本地学习和全球学习;从学习模式看,集群企业的学习可以分为探索性学习和利用性学习。因此，结合两者，集群企业的学习分为本地探索性学习、全球探索性学习、本地利用性学习以及全球利用性学习四大类。许多研究表明，本地学习和全球学习的平衡（Asheim & Isaksen，2002；Giuliani & Bell，2005）、探索性学习和利用性学习的平衡（March，1991），有助于提升企业的绩效。但是，集群研究还存在如下不足：首先，尚未将学习空间和学习模式进行组合研究，也未从匹配平衡和联合平衡两个平衡维度（He & Wong，2004）来区分和分析四类学习之间的平衡/非平衡导向（学习导向）；其次，尚未将集群企业绩效区分为国外绩效和整体绩效，无法客观反映集群企业的国际化发展特征，也就无法分析不同学习导向对集群企业国内外市场绩效的不同影响；第三，尚未从企业生命周期视角分析不同学习导向在集群企业不同发展阶段的重要性差异和动态匹配要求。对上述主题的深入研究，有助于解答集群企业通过增强学习能力改进企业持续绩效的重要问题。

2. 文献回顾和研究假设

(1)学习空间：本地学习与全球学习

对于集群企业的兴起和发展动力，现有研究主要有两大理论视角，一是从区域创新系统视角强调本地学习的作用，二是从全球价值链视角重视全球学习的作用。许多研究认为，集群企业嵌入于本地网络之中（Audretsch，1998；Enright，1991），基于本地网络的本地学习有助于集群企业的经常性本地交流，促进默会知识转移到集群企业内部，从而提高企业的创新能力和绩效水平（Porter，1998；Saxenian，1994；Bathelt，Malmber & Maskell，2004；Ganesan，Malter & Rindfleisch，2005）。但是，越来越多的研究开始指出，在发展中国家，本地学习对集群企业创新和绩效的作用被夸大了（Asheim & Isaksen，2002；Boschma & Ter Wal，2007），因为发展中国家集群企业本身缺乏知识基础,本地学习难以帮助集群企业获取更多有价值的新知识,本地学习对集群企业发展的作用有限(Pietrobello & Rabellotti,2007;Asheim & Vang,2006)。同时,本地学习还会引起集群企业之间的过度模仿,导致恶性的价格竞争,打击企业的创新积极性。因此,过于强调本地学习容易导致集群企业陷入旧知识高度冗余和新知识严重匮乏的困境,降低集群企业的创新能力(Visser & Boschma,2004)。

与此同时,越来越多的研究开始强调全球学习的重要性(Hendry & Brown,2006),Bathelt 等(2004)以及 Amin 和 Cohendet(2004)认为,全球学习是搜寻、转移和吸收外部知识的重要方式。因为通过嵌入到全球价值链的体系之中,集群企业能够学习到产业链上其他优秀企业的新知识,从而快速有效地提高集群企业的创新能力和发展能力(Staber,2001;Schmitz,2006)。如 Oerlemans 和 Meeus(2005)指出,全球学习更重视搜寻和吸收在陌生环境中的新知识,不仅为企业创新尤其是变革式创新提供关键性知识,而且,这些新知识还能激活和增强集群的本地学习,从而使企业获得更多有用的知识。但是,一些研究也指出,全球学习的有效性是以集群企业具有一定的吸收能力为基础的,否则集群企业难以识别和消化吸收来自全球范围的新知识,反而提高了集群企业整合利用新知识的成本。

可见,本地学习和全球学习各具优势和劣势。对于集群企业而言,平衡本地学习与全球学习有助于同时利用两者的优势,规避两者的不足(Asheim & Isaksen,2002;Bathelt et al.,2004;Giuliani & Bell,2005)。如 Oinas(2000)指出,全球学习和本地学习只是代表着集群企业学习方向的两个端点,两者是相辅相成的。平衡好全球学习和本地学习,成为发展中国家推进集群企业提高创新能力的重要任务(Rappert，Webster & Charles，1999)。

(2)学习模式:探索性学习与利用性学习

根据组织学习理论(March，1991)，集群企业的学习模式可以分为探索性学习和利用性学习两种。其中，探索性学习主要指企业搜索和利用有别于企业现有知识的新知识;利用性学习主要指企业搜寻和利用与企业现有知识类似的知识。国外许多研究已经指明，探索性学习和利用性学习都有助于增强企业的创新和绩效。对于集群企业,同样也会采取探索性学习和利用性学习这两种模式。通过探索性学习,集群企业可以获取新知识来提升其创新程度和发展能力;通过利用性学习,集群企业可以有效利用既有或相似知识来增强企业创新效率和发展能力。

但是,过于强调探索性学习容易导致企业陷入失败的陷阱,即陷入"探索—失败—探索"的循环,企业缺乏短期成功的保障;过于强调利用性学习容易导致企业陷入成功的陷阱,即陷入"利用—成功—利用"的循环,企业缺乏长期成功的能力(Katila & Ahuja，2002;Laursen & Salter，2006)。集群企业的学习同样面临如何平衡探索性学习与利用性学习的挑战,因为过于重视利用新知识会导致集群企业忽视对现有知识的有效利用,同时极大地增加企业整合消化各种新知识的成本,不利于企业持续发展;过于重视对既有知识的利用,会导致集群企业忽视对新知识的搜索和利用,逐渐弱化集群企业对外部复杂动态环节的适应能力,企业持续发展潜力不足。因此,集群企业需要平衡探索性学习与利用性学习。

(3)学习导向与集群企业持续成长

由于集群企业的学习同时涉及学习空间(本地学习与全球学习)和学习模式(探索性学习与利用性学习)。组合学习空间和学习模式,集群企业的学习共有四类:本地探索性学习、本地利用性学习、全球探索性学习以及全球利用性学习(见图 4-2)。本地探索性学习是指集群企业在本地范围内搜索和利用新知识,本地利用性学习则是指集群企业在本地范围内搜寻和利用相似知识,全球探索性学习是指在全球范围内搜索和利用新知识,全球利用性学习则是指集群企业在全球范围内搜寻和利用相似知识。这样,集群企业的学习导向就归结为四种平衡/非平衡,即本地探索性学习与全球探索性学习的平衡/非平衡、本地利用性学习与全球利用性学习的平衡/非平衡以及本地探索性学习与本地利用性学习的平衡/非平衡、全球探索性学习与全球利用性学习的平衡/非平衡。现有大量组织学习研究集中在探索性学习与利用性学习的平衡/非平衡问题上,并得到了普适性较强的研究成果,所以,这两种平衡/非平衡不再作为本研究的重点。相较而言,前两种平衡/非平衡尚未得到深入研究,尽管集群研究主要关注了本地学习和全球学习,但尚未将探索性学习和利用性学习与此相结合。所以,本研究将重点分析本地探索性学习与全球探索性学习的平衡/非平衡(相对本地探索性学习导向)、本地利用性学习与全球利用性学习的平衡/非平衡(相对本地利用性学习导向)对集群企业绩效的影响。

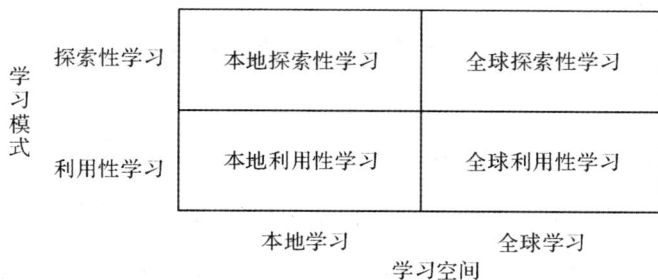

学习模式	探索性学习	本地探索性学习	全球探索性学习
	利用性学习	本地利用性学习	全球利用性学习
		本地学习	全球学习
		学习空间	

图 4-2　集群企业的四类学习

● 相对本地探索性学习导向

集群企业在本地和全球两个不同地理空间同时进行探索性学习,也就形成了本地探索性学习和全球探索性学习两种学习。对于不同的企业,由于它们在这两种学习上的投入可能不同,就可能形成两种基本的学习导向,一是本地探索性学习与全球探索性学习的平衡导向,二是本地探索性学习与全球探索性学习的非平衡导向。后者又可以分为两种具体情形:侧重于本地探索性学习的学习导向和侧重于全球探索性学习的学习导向。由于这两种情形都表示了集群企业在本地探索性学习和全球探索性学习两种学习上的相对投入程度差异,本研究就命名为相对本地探索性学习导向(即本地探索性学习/全球探索性学习)。对于发展中国家集群企业而言,获取新知识是其创新和发展的基本动力。由于发展中国家集群中的知识基础本身比较薄弱,即使集群企业非常重视在本地范围进行探索性学习,也很难发现和获取到富有较高价值的新知识(UNIDO,2001),也就是说,本地探索性学习的投入产出比较低。因此,集群企业不应该在本地探索性学习和全球探索性学习上进行平均投入,而是应该侧重于全球范围的探索性学习,这更可能促进集群企业识别和转移新颖的知识(Asheim & Vang,2006;Schmitz,2006;Pietrobello & Rabellotti,2007),有助于集群企业提升绩效。因此,我们提出:

假设1:相对本地探索性学习导向不利于集群企业的国外绩效和整体绩效。

● 相对本地利用性学习导向

集群企业同样在本地和全球范围内同时进行利用性学习,形成本地利用性学习和全球利用性学习两种学习。现实中,集群企业可能在这两种学习上平均投入,形成本地利用性学习和全球利用性学习的平衡导向;也可能侧重于某一种学习,导致本地利用性学习和全球利用性学习的非平衡导向。我们用本地利用性学习导向(即本地利用性学习与全球利用性学习)来表示这种非平衡导向。利用性学习的优势在于可以实现创新和运作活动的高效率和准确性(Ahuja & Katila,2004)。相对而言,集群企业的创新和运作活动主要集中在本地范围内,较为发达的本地生产协作网络和区域创新网络往往是集群优势的主要来源(Maskell & Malmberg,1999;Bathelt et al.,2004;Porter,2000)。因此,集群企业可以积极利用本地网络的专业化分工协作来提高各种活动的效率。现实中,本地网络带来的快速响应和高效协同,成为集群企业胜于非集群企业的关键所在。尽管集群企业也可以通过加强在全球范围内进行专业化分工协作来提高运行效率和准确性,但全球范围分工协作的成本相对较高。所以,为了最大化集群企业既有学习资源的效果,集群企业不应该在本地利用性学习和全球利用性学习上平均投入,而应该将更多的资源投入到本地利用性学习上。我们提出:

假设 2:相对本地利用性学习导向有助于集群企业的国外绩效和整体绩效。

- 集群企业持续成长中的学习导向动态调整

根据企业生命周期理论,集群企业成长呈现出阶段性成长的特征,企业在不同成长阶段面临着不同的创新问题(Steinmetz,1969;Churchil & Lewis,1983),需要获取不同数量和类型的知识来解决问题(Zhao & Aram,1995;Laursen et al.,1999)。不同的学习导向可以提供不同的知识,帮助企业解决不同的创新问题(Rosenkopf & Nerkar,2001;Katila & Ahuja,2002;Rothaermel & Alexandre,2009)。这就意味着,集群企业需要而且可以根据不同的成长阶段采取不同的学习导向以获取不同的知识,否则会产生因知识不足引致的锁定效应和因知识冗余引致的混乱问题(Nooteboom，2000；Boschma & Wenting，2007)。因此，集群企业持续成长对学习导向提出了阶段演进和动态匹配的要求。集群领域的研究也指出，集群企业的特定学习模式与特定的成长战略(Chaminade & Vang，2006)、成长模式(Giuliani et al，2005)之间存在匹配关系。根据企业生命周期理论，对于创业阶段的集群企业，其最大任务就在于发现成长机会，探索性学习则有助于其发现新机会；到了成熟期，集群企业的核心任务是提高运行效率，此时，利用性学习则有助于提高企业的运行效率和准确性。因此，从动态上看，集群企业在阶段性成长过程中，学习导向会从探索性学习转向利用性学习。我们提出：

假设3：随着集群企业的阶段性成长，其学习导向逐渐从相对全球探索性学习导向转向相对本地利用性学习导向，即相对全球探索性学习导向有助于提升创业阶段集群企业的绩效，相对本地利用性学习导向有助于增强成熟阶段集群企业的绩效。

3.研究方法

本研究相关变量的测量方法如下：

(1)企业绩效。企业绩效是本研究的因变量。在本研究中，企业绩效分为企业国外绩效和企业整体绩效。根据相关研究(Katila & Ahuja，2002；Laursen & Salter，2006)，企业国外绩效用企业的国外市场销售收入来测量；企业整体绩效用企业全部的市场销售收入来测量。

(2)相对本地探索性学习导向。本研究采用 Laursen 和 Salter (2006)以及 Sofka 和 Grimpe(2009)对搜寻宽度的测量方法来测量探索性学习。根据该方法，本研究的探索性学习对象具体包括供应商、客户、竞争者、其他行业的企业、面向本行业的研发机构，面向其他行业的研发机构、专业性会议和论坛机构、大学、中介服务机构以及会展机构十类。在此基础上,将这十类对象分别具体化为十类本地对象和十类全球对象。本研究中,"本地"是指产业集群所在的县市区域,这符合国外相关研究用邮政编码来定义产业集群区域的通常做法。相对本地探索性学习是指集群企业在本地探索性学习和全球探索性学习两者上的投入比重,即本地探索性学习相对于全球探索性学习的重要性。根据匹配平衡和联合平衡的测量方法(He & Wong,2004),相对本地探索性学习等于本地探索性学习减去全球探索性学习(匹配平衡法)、本地探索性学习乘以全球探索性学习(联合平衡法)。相对全球探索性学习导向则正好相反。

(3)相对本地利用性学习导向。对利用性学习的测量方法同样来自 Laursen 和 Salter(2006)以及 Sofka 和 Grimpe(2009)的研究。参考该方法,我们要求被调查企业回答所在企业对十类本地对象和十类全球对象的知识的利用程度,1 表示很低,3 表示一般,5 表示高。其中,取值 5 的主体界定为深度利用性学习的对象。然后,通过计算有多少家学习对象被深度利用性学习(取值 5 的对象),其总和就是该企业利用性学习的取值。相对本地利用性学习导向则是本地利用性学习和全球利用性学习的投入比较。根据匹配平衡法,相对本地利用性学习等于本地利用性学习减去全球利用性学习;根据联合平衡法,相对本地利用性学习等于本地利用性学习乘以全球利用性学习。

(4)控制变量。借鉴相关研究,本研究对不属于研究范围、但对企业绩效可能有影响的变量进行控制。企业年龄是企业成立至今的年数;企业规模用 2009 年企业员工人数的自然对数来测量。企业研发强度是企业研发经费与企业销售收入的比值。参考 Katila 和 Ahuja(2002)的方法,我们控制企业的资产收益率。我们控制产业类型的影响,1 为高新技术企业,0 为非高新技术企业。同时,我们控制之前企业绩效对后续企业绩效的影响,企业上年国外绩效是企业上一年度的国外市场销售收入,企业上年整体绩效是企业上一年度的全部销售收入。

4. 数据分析与结果

表 4-11 表示各变量的平均值和相关系数。表 4-12 是研究假设的检验结果。假设 1 认为相对本地探索性学习导向不利于集群企业的绩效。表 4-12 数据表明,无论匹配平衡法测量的相对本地探索性学习导向($\beta=-0.065, p<0.10; \beta=-0.075, p<0.10$)还是联合平衡法测量的相对本地探索性学习导向($\beta=-0.079, p<0.05; \beta=-0.129, p<0.01$)都与集群企业的国外绩效和整体绩效呈现出显著的负相关关系。这充分表明,相对本地探索性学习不利于集群企业的绩效改进。假设 1 得到有力的支持。假设 2 认为相对本地利用性学习导向有助于集群企业的绩效。表 4-12 数据表明,只有基于联合平衡法的相对本地利用性学习导向对集群企业国外绩效呈现显著的正相关关系($\beta=0.051, p<0.05$),其他的三个系数都没有显著关系。这表明假设 2 得到了部分支持。

根据企业生命周期理论,一般认为 8 年以内的企业为新创其企业,9～15 年的企业为成长期企业,15 年以后的企业为成熟期企业(Steinmetz,1969;Churchill & Lewis,1983)。本研究也采用该标准划分集群企业的不同成长阶段。假设 3 认为,随着集群企业的阶段性成长,学习导向逐渐由相对全球探索性学习导向转向相对本地利用性学习导向。研究结果表明,对于国外绩效,相对本地探索性学习导向与创业期集群企业的国外绩效显著负相关($\beta=-0.061, p<0.10$),也与成长期集群企业的国外绩效显著负相关($\beta=-0.099,$

$p<0.05; \beta=0.099, p<0.05$），相对本地利用性学习导向与成熟期集群企业的国外绩效显著正相关（$\beta=0.121, p<0.05$）。这表明，从学习导向的有效性看，随着集群企业的阶段性成长，应该由相对全球探索性学习导向转向相对本地利用性学习导向。这支持了假设3。对于企业整体绩效，相对本地利用性学习导向与创业期集群企业的整体绩效显著正相关（$\beta=0.023, p<0.05$），相对本地探索性学习导向与成长期集群企业整体绩效显著负相关（$\beta=0.166, p<0.05$），这表明强调本地利用性学习有助于创业期集群企业的成长，强调全球探索性学习有助于成长期集群企业的成长。这与假设3不一致。所以，假设3只得到了国际化发展集群企业的支持，并没用得到全部支持。这也表明，对于国际化发展和本地化发展取向不同的集群企业，在其持续成长过程中，其学习导向的动态调整模式应该不同。

5. 讨论、结论与展望

通过将集群企业的学习空间和学习模式进行组合，本研究认为集群企业的学习可以分为本地探索性学习、本地利用性学习、全球探索性学习和全球利用性学习四种类型。这四种学习又可以分为两个导向，一是相对本地探索性学习导向，二是相对本地利用性学习导向。基于来自浙江省典型集群企业的问卷调查数据，并将平衡细分为匹配平衡和联合平衡，实证分析结果表明，相对本地探索性学习不利于集群企业国外绩效和整体绩效的提升；相对本地利用性学习对集群企业的国外绩效有促进作用，对整体绩效没有显著影响。研究还发现，随着集群企业的阶段性成长，对于国际化发展的集群企业而言，学习导向应该逐渐由相对全球探索性学习转向相对本地利用性学习导向；对于一般性集群企业而言，学习导向应该逐渐由本地利用性学习导向转向相对全球探索性学习导向。

表4-11　变量的描述性统计和相关系数

	Mean	s.d.	1	2	3	4	5	6	7	8	9	10	11	12
1. 企业整体绩效	0.96	2.47												
2. 企业国外绩效	0.34	1.15	0.75											
3. 企业年龄	11.82	7.54	0.13	0.09										
4. 企业规模	5.43	1.29	0.37	0.31	0.45									
5. 研发强度	0.06	0.07	-0.15	-0.11	0.05	0.09								
6. 企业投资收益率	0.21	0.18	0.12	0.06	0.16	0.24	0.06							
7. 高新技术产业	0.53	0.50	0.08	0.09	0.06	0.08	-0.04	0.10						
8. 企业上年整体绩效	0.95	3.24	0.87	0.84	0.08	0.33	-0.12	0.08	0.10					
9. 企业上年国外绩效	0.38	1.81	0.69	0.91	0.04	0.26	-0.09	0.06	0.10	0.92				
10. 相对本地探索性学习导向（匹配平衡法）	1.74	2.65	-0.10	-0.13	-0.24	-0.34	-0.01	-0.05	-0.19	-0.10	-0.10			
11. 相对本地利用性学习导向（匹配平衡法）	1.60	1.67	-0.05	0.03	0.08	0.14	0.09	0.11	0.04	-0.02	0.02	-0.03		
12. 相对本地探索性学习导向（联合平衡法）	71.95	35.09	0.02	0.09	0.21	0.35	0.01	0.12	0.20	0.05	0.09	-0.79	0.19	
13. 相对本地利用性学习导向（联合平衡法）	5.57	14.12	0.04	0.11	0.08	0.24	0.01	0.05	0.02	0.05	0.06	-0.24	0.07	0.28

注：相关系数大于0.10为显著相关（双尾检验）。

表 4-12 学习导向对集群企业绩效影响的回归分析

| | 企业国外绩效 | | | | 企业整体绩效 | | | |
| | 全体企业 | 不同成长阶段企业 | | | 全体企业 | 不同成长阶段企业 | | |
		创业期企业	成长期企业	成熟期企业		创业期企业	成长期企业	成熟期企业
企业年龄	0.024				0.026			
企业规模	0.059*	−0.011	0.029	0.023	0.102**	0.002	0.135**	0.079
企业研发强度	−0.036†	−0.023	−0.014	−0.018	−0.061*	−0.016	−0.058	−0.066
企业投资收益率	−0.007	0.171***	−0.011	0.016	0.042	0.075***	0.078†	−0.002
企业上年国外绩效	0.889***	0.982***	0.940***	0.884***				
企业上年整体绩效					0.822***	0.991***	0.760***	0.870***
高新技术产业	0.001	−0.009	−0.022	0.018	−0.002	0.005	−0.048	0.074
相对本地探索性学习导向（匹配平衡法）	−0.065†	−0.009	−0.099*	0.004	−0.075†	0.001	−0.115	0.034
相对本地利用性学习导向（匹配平衡法）	0.011	−0.007	0.030	−0.020	−0.024	0.005	−0.039	−0.045
相对本地探索性学习导向（联合平衡法）	−0.079*	−0.061†	−0.099*	−0.016	−0.129**	−0.026	−0.166*	−0.075
相对本地利用性学习导向（联合平衡法）	0.051*	0.032	−0.003	0.121*	−0.006	0.023*	−0.050	0.048
R^2	0.841	0.952	0.909	0.876	0.775	0.987	0.742	0.897
调整 R^2	0.837	0.949	0.903	0.860	0.768	0.986	0.725	0.884
F	190.747***	292.679***	152.152***	55.595***	123.418***	117.410***	43.532***	58.970***

注：†表示显著性水平 $p < 0.10$，*表示显著性水平 $p < 0.05$，**表示显著性水平 $p < 0.01$，***表示显著性水平 $p < 0.001$（双尾检验）。

　　本研究主要有如下学术贡献:第一,本研究创造性地将学习空间(本地学习和全球学习)与学习模式(探索性学习和利用性学习)相结合,组成四种基本的学习类型,在此基础上实证分析了两种不同的学习导向(相对本地探索性学习导向和本地利用性学习导向)对集群企业绩效的影响,其中,采用匹配平衡和联合平衡两种方法分别测量两种学习导向,集群企业绩效区分为企业国外绩效和企业整体绩效。这样的研究构思突破了现有研究要么只关注学习空间、要么只关注学习模式的不足,也弥补了现有研究大多只关注集群企业整体绩效、对国外绩效关注较少的不足。第二,本研究从企业生命周期角度分析不同学习导向对不同成长阶段集群企业绩效的影响,并基本揭示了集群企业国际化成长过程中的学习导向动态调整规律。这突破了现有研究大多仅从静态视角研究学习导向对集群企业绩效的影响的不足。第三,现有研究大多以发达国家的集群企业为样本,其研究结论尚难为发展中国家集群企业发展提供充足的理论支持。本研究以包括高新技术和中低技术在内的中国集群企业为实证对象,研究结论可以为发展中国家的集群企业持续成长和集群转型升级提供针对性理论依据。因此,本研究创新和拓展了集群企业的学习与绩效关系研究。

　　本研究对于促进我国集群企业转型升级和持续成长具有重要的实践启示:一方面,本研究结论认为相对本地探索性学习导向不利于集群企业的绩效,也即相对全球探索性学习导向有助于集群企业的绩效提升,这要求集群企业要投入相对多的资源于全球范围内的探索性学习,以获取新的发展机会,而不能过于局限于本地范围的探索性学习。对于发展中国家的集群企业尤为值得关注,因为发展中国家自身拥有相对较少的新知识,即使投入全力于本地范围的探索性学习,也难以获得支持集群企业持续发展的新知识。另一方面,本研究发现,对于国际化发展的集群企业,为了实现阶段性持续成长,集群企业应该根据自身所处的生命周期阶段动态调整学习导向,逐渐由相对全球探索性学习导向转向相对本地利用性学习导向;对于一般性集群企业,学习导向则应该由相对本地利用性学习转向相对全球探索性学习导向。这表明集群企业不仅需要实现学习空间的调整,同时需要调整学习模式。

　　尽管本研究取得了一些重要的研究结论,但还存在一些不足,主要包括:第一,尽管本研究开创性地引入了企业生命周期视角进行集群企业学习导向的动态研究,但本研究是一个基于截面数据的研究,还无法很深入地从企业纵向角度分析其学习导向的演变轨迹,因此,未来研究应该采用纵向研究方法检验本研究结论的稳健性。第二,尽管本研究把企业绩效区分了国外绩效和整体绩效,并采用主流方法(产品销售收入)来测量绩效,但是,企业绩效是一个多维的构念,除了销售收入维度之外,还包括利润、市场份额等其他维度,未来的研究可以采用多维的方法测量企业绩效,进而检验学习导向对集群企业绩效的影响。第三,本研究尚未考虑环境因素和企业内部因素对学习导向与集群企业绩效之间关系的影响。来自组织学习领域的研究指出,外部环境动态性、企业内部吸收能力等内外部因素会调节学习导向对企业创新和绩效的影响。因此,未来研究可以通过引入调节变量更加深入地分析学习导向与集群企业绩效之间的关系。

4.3.3　双元学习均衡与集群企业创新绩效

1.研究假设

通过访谈和案例研究论述了将集群企业外部创新源分为本地合

作者、外地合作者、本地竞争者、外地竞争者、本地产业外组织和外地产业外组织共六类的合理性。本地这些创新源的知识与外地这些创新源的知识对于集群企业创新绩效的影响是不一样的,同时集群企业的资源也是有限的。所以,本研究将主要探讨集群企业在搜寻本地合作者知识和外地合作者知识上所采取的联合均衡和匹配均衡、在搜寻本地竞争者知识和外地竞争者知识上所采取的联合均衡和匹配均衡、在搜寻本地产业外组织知识和外地产业外组织知识上采取的联合均衡和匹配均衡对集群企业创新绩效的影响。

根据上述分析,构建了本研究的理论模型,如图 4-3 所示。

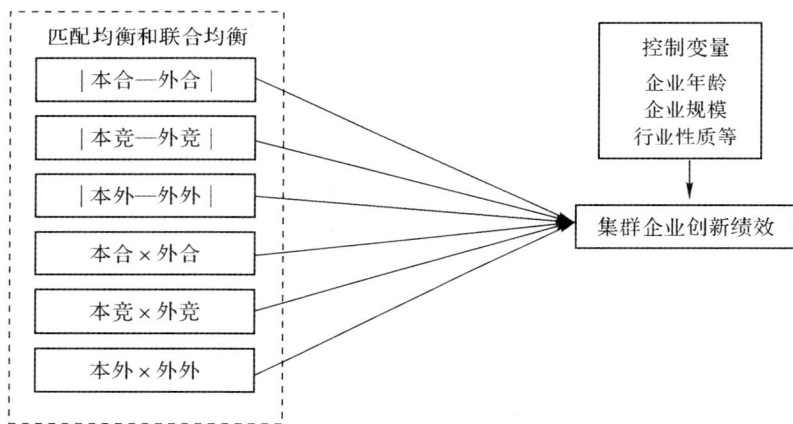

图 4-3　本研究的理论模型①

(1)本地搜寻和外地搜寻之间的匹配均衡

匹配均衡指企业在两种战略执行程度上保持相对一致的均衡

---

① 注:为了使叙事方便和变量呈现的方式较为简洁,"本合"代表"本地合作者","本竞"代表"本地竞争者","本外"代表"本地产业外组织","外合"代表"外地合作者","外竞"代表"外地竞争者","外外"代表"外地产业外组织"。

（张婧和段艳玲，2010）。从匹配均衡角度考虑，集群企业应该在本地的各种不同来源的知识搜寻与外地的各种不同来源的知识搜寻上保持相对一致的均衡。

从之前的分析已经知道，一方面，集群企业搜寻本地知识可以为企业获得对于企业创新具有重要作用的默会知识（Morgan，2004；Kogut ＆ Zander，1992）。但是已有的集群发展实践也表明，只搜寻本地知识会让企业陷入本地套牢无法应对新发展而失去创新能力（Boschma，2005），由此导致包括技术过时（Eisenhardt ＆ Martin 2000）、路径依赖（Christensen ＆ Overdorf ，2000）和核心能力刚性（Leonard-Barton，1992）在内的各种风险。另一方面，企业搜寻外地知识能够为企业带来新的知识元素，增加企业的知识基础，有利于企业创新。但是如果企业只搜寻外地知识，一来有可能会使企业的资源分散而无法形成独特的竞争优势（March，1991），从而无法获得创新的收益（Teece，1986）；二来也会使集群企业陷入"失败陷阱"，即越失败越要搜寻外部知识。

因此，对于集群企业来说，保持本地搜寻和外地搜寻之间相对一致的均衡是有必要的，Bathelt 等（2004）认为集群企业不仅通过本地信息场获取知识与资源，同时还需要通过全球管道来获得全球资源实现企业成长。Boschma（2005）认为企业在获取集群企业知识正向外部性的同时，也需要同外地企业建立联系。

从内容上来讲，知识存在着地理空间上的差异（Phene et al.，2006），因此具有一定的异质性（Sidhu et al.，2006）。对于位于产业链上下游的合作者来讲，它们拥有互补（complementary）的资源和能力。集群企业从本地合作者处可以搜寻到具有当地特色的知识，比如产品研发方面的技术知识；从外地合作者处可以搜寻到具有外地特色的知识,比如关于外地客户的流行趋势等方面的信息。如果只关注某一方面,便会使企业陷入"成功陷阱"或者"失败陷阱",因此两者的均衡可以有利于企业的创新。

案例研究对象与本地的科研机构合作,获得了对产品研发有重要作用的技术知识。在合作过程中,案例研究对象每天都有4种新面料诞生,微孔纤维项目产品销往美国后,毛利润比普通面料高出近15%。而案例研究对象与国外的品牌客户合作则更是为企业获得了流行趋势方面的信息,典型案例便是两者合作为佩林提供了总统竞选的服装。因此,根据以上分析,我们提出如下假设:

假设1a:集群企业在搜寻本地合作者知识和外地合作者知识上保持的匹配均衡对集群企业创新绩效产生正向影响。

从产业链的角度而言,竞争者与集群企业生产类似的产品,它们拥有相似的能力(capabilities),掌握相似的资源。但是,由于地域特色,集群企业从本地竞争者处搜寻到的知识和外地竞争者处搜寻到的知识有些差异。案例研究对象会从多方面关注本地竞争者,从运营模式、销售模式等深入分析竞争者,以此来指导企业自己的实践。基于知识的异质性,企业对于外地竞争者更多会关注它们与自己企业在产品方面的差异,这有利于企业的产品创新。因此,根据以上分析,我们提出如下假设:

假设1b:集群企业在搜寻本地竞争者知识和外地竞争者知识上保持的匹配均衡对集群企业创新绩效产生正向影响。

产业外的组织知识与产业内的组织知识之间的异质性比较大,因此对于集群企业来说,搜寻产业外组织的知识更可能与企业已有知识组合产生新的知识,从而产生新的创新。同时,由于知识的情境独特性,外地的产业外组织知识比本地的产业外知识更具有异质性,因此,企业在搜寻本地产业外组织知识和外地产业外组织知识之间保持相对一致的均衡对于集群企业创新将有积极的影响。

案例研究对象从本地产业外组织获得了对企业具有价值的人才资源,培养企业未来所需的设计师;同时,企业从外地产业外组织搜寻到的知识实现了企业的成本节约、营销渠道的创新和运营效率的提高。因此,根据以上分析,我们提出如下假设:

假设 1c:集群企业在搜寻本地产业外组织知识和外地产业外组织知识上保持的匹配均衡对集群企业创新绩效产生正向影响。

(2)本地搜寻和外地搜寻之间的联合均衡

联合均衡是指企业在两种战略执行程度上的组合大小(张婧、段艳玲,2010),苹果公司在 Ipod 产品线上的成功(利用性行为)复活了整个苹果品牌,并提振了它的传统硬件和软件业务(探索性行为);Intel 在探索性行为上面的成功助推了其微芯片业务(利用性行为)的成功(Cao et al.,2009)。将这一思路延伸到集群企业的本地搜寻和外地搜寻,则意味着本地搜寻和外地搜寻之间联合均衡(本地搜寻和外地搜寻的组合大小)将有助于两种搜寻类型的互补和协同,进而改善企业的创新绩效。

首先,本地搜寻能够较为方便地为企业带来对创新具有重要作用的默会知识,对这些知识的深入理解有利于企业的创新,而这些创新将有助于企业带来更多的外地知识,从而对企业创新产生更积极的影响。以案例研究对象为例,其在本地创新搜寻方面的优良表现使得它有资格赢得与外地品牌客户合作的机会,而比它规模小的竞争企业则失去了这方面外部知识的机会。

其次,外地搜寻能够为企业带来新的知识,这些新的知识成为企业知识库的一部分,在被企业吸收的基础上更加有利于企业进行本地搜寻,从而搜寻到更多对企业创新有更大帮助作用的默会知识。案例研究对象从国际贸易起家,后将外部客户从低端转移到高端,带动了企业本身的研发生产能力和本地创新搜寻行为。

因此,本地创新搜寻和外地创新搜寻的互动和协同作用对于企业创新具有积极的影响。基于以上分析,对于企业搜寻本地和外地合作者知识和竞争者知识之间的联合均衡,本文提出如下假设:

假设 2a:集群企业在搜寻本地合作者知识与外地合作者知识上保持的联合均衡对集群企业创新绩效产生积极影响。

假设 2b:集群企业在搜寻本地竞争者知识与外地竞争者知识上保持的联合均衡对集群企业创新绩效产生积极影响。

在企业搜寻本地和外地产业外组织知识上的联合均衡方面,第一,本地和外地产业外组织知识对于企业来说是比较新颖的,搜寻这些新知识有利于增加企业的知识基础,与企业已有知识元素进行组合容易产生新的创新。同时,搜寻本地产业外知识能够带动企业对外地产业外知识的搜寻,搜寻外地产业外知识也能够带动对本地产业外知识的搜寻。在案例研究中,案例研究对象通过与南北软件公司、苏州蜗牛公司等方面的合作而增加了对本地人才的需求。第二,从搜寻成本和吸收、整合知识的成本来考虑。企业搜寻本地产业外知识和外地产业外知识之间的联合均衡意味着企业在这些方面的不断投入,而搜寻产业外知识的成本较高,也会加大企业对这些产业外新知识的获取、吸收和整合的难度(Miller & Cardinal,2007),从而不利于企业创新(例如,Ahuja & Katila,2004;Phene et al.,2006)。基于以上分析,本文提出如下两个竞争性的假设:

假设 2c1:集群企业在搜寻本地产业外组织知识与外地产业外组织知识上保持的联合均衡对集群企业创新绩效产生积极影响。

　　假设 2c2：集群企业在搜寻本地产业外组织知识与外地产业外组织知识上保持的联合均衡对集群企业创新绩效产生负向影响。

　　2.统计和数据分析

　　(1)描述性统计和相关分析

　　本部分首先对上文研究所涉及的所有变量进行了描述性统计，包括因变量(企业产品创新绩效)、自变量(|本合—外合|、|本竞—外竞|、|本外—外外|、本合×外合、本竞×外竞、本外×外外)和控制变量(企业年龄、企业规模、所属行业和技术动态性)的均值和标准差。

　　本研究的变量设置和数据收集与前述研究相同，因此，本研究对于变量设置、数据收集过程和部分研究结果不再赘述，比如因变量和控制变量的描述性统计等。如表 4-13 所示，匹配均衡的 3 个自变量(|本合—外合|、|本竞—外竞|、|本外—外外|)和联合均衡的 3 个自变量(本合×外合、本竞×外竞、本外×外外)的方差在 0.384～0.602，说明这 6 个自变量的离散程度较小。

　　另外，本研究采用 Pearson 相关分析考察本章研究所涉及的因变量、自变量和控制变量的相关关系，从而为下一步的回归分析奠定基础。从表 4-13 可以看出，因变量产品创新绩效与合作联合均衡(本合×外合)之间存在显著的正向相关关系，与合作匹配均衡(|本合—外合|)存在显著的负相关关系。为了防止多重共线性问题，本文采用方差膨胀因子(VIF)来检验变量之间的多重共线性。VIF 取值介于 1 到正无穷，一般认为 VIF<10，则表明变量间不存在多重共线性问题。后续的多重共线性测试表明本章研究所有变量的 VIF 值都在 1.154～5.040，表明不存在严重的多重共线性问题。

　　(2)回归分析

　　本研究探讨了集群企业本地创新搜寻和外地创新搜寻的匹配均

衡和联合均衡对集群企业产品创新绩效的影响,回归分析结果如表 4-14 所示。假设 1a、1b 和 1c 都是有关集群企业本地创新搜寻和外地创新搜寻的匹配均衡对企业创新绩效的影响,假设 2a、2b、2c1 和 2c2 都是有关集群企业本地创新搜寻与外地创新搜寻的联合均衡对企业创新绩效的影响。

假设 1a 预测集群企业从本地合作者处搜寻知识与从外地合作者处搜寻知识保持的匹配均衡对于企业创新绩效产生积极影响。模型 2 在基准模型 1 的基础上加入了|本合—外合|这一自变量,结果显示,|本合—外合|与企业产品创新绩效之间在统计上显著负相关($\beta=-0.184,p<0.01$),即|本合—外合|的值越小,产品创新绩效的值越大,因此,模型 2 说明集群企业从本地合作者处与从外地合作者处搜寻知识保持的匹配均衡对于企业创新绩效产生积极影响。在模型 5 和模型 10 中,随着匹配均衡和联合均衡的其他各个变量的逐渐加入,|本合—外合|这一自变量与产品创新绩效的关系一直显著。因此,假设 1a 得到了支持。

假设 1b 预测集群企业从本地竞争者处搜寻知识与从外地竞争者处搜寻知识保持的匹配均衡对于企业创新绩效产生积极影响。但是,在模型 3、模型 5 和模型 10 中,|本竞—外竞|的关系与产品创新绩效之间的关系不显著相关,因此我们认为假设 1b 没有得到支持。同理,假设 1c 也没有得到实证支持。

假设 2a 预测集群企业从本地合作者处搜寻知识与从外地合作者处搜寻知识的联合均衡对企业创新绩效产生积极影响,在模型 6、模型 9 和模型 10 中,合作联合均衡与产品创新绩效之间呈显著正相关关系($p<0.1$)。因此,我们认为假设 2a 得到了实证支持。

表 4-13　变量的描述性统计和相关分析结果

变量	均值	标准差	1	2	3	4	5	6	7	8	9	10
1. 产品创新	3.193	0.737										
2. |本合—外合|	0.545	0.430	-0.309**									
3. |本竞—外竞|	0.889	0.602	-0.125	0.333**								
4. |本外—外外|	0.519	0.384	-0.059	0.388**	0.211**							
5. 本合×外合	0.272	0.433	0.209**	-0.408**	-0.186*	-0.216**						
6. 本竞×外竞	0.212	0.819	0.045	-0.057	-0.640**	-0.106	0.376**					
7. 本外×外外	0.399	0.609	-0.022	-0.203**	-0.181**	-0.360**	0.646**	0.320**				
8. 企业年龄	10.043	5.442	0.250**	-0.260**	-0.100	-0.029	0.209**	0.053	0.093			
9. 企业规模	5.393	1.289	0.334**	-0.251**	-0.160*	-0.047	0.075	0.073	-0.008	0.446**		
10. 所属行业	0.532	0.500	-0.047	0.136	0.088	0.020	-0.149*	-0.100	-0.117	-0.262**	-0.175**	
11. 技术动态性	3.122	0.776	0.484**	-0.199**	-0.087	0.003	0.151*	-0.024	0.041	0.302**	0.262**	-0.051

注：* 表示显著性水平 $p<0.05$（双尾检验）；** 表示显著性水平 $p<0.01$（双尾检验）。

表 4-14　实证研究的回归结果

		模型 1	模型 2	模型 3	模型 4	模型 5	模型 6	模型 7	模型 8	模型 9	模型 10
控制变量	企业年龄	0.011	-0.008	0.011	0.011	-0.012	-0.005	0.011	0.012	-0.015	-0.022
	企业规模	0.078	0.055	0.079	0.077	0.057	0.085	0.078	0.076	0.086	0.066
	产业类型	0.033	0.041	0.032	0.034	0.038	0.046	0.031	0.030	0.032	0.034
	技术动态性	0.328***	0.313***	0.328***	0.327***	0.311***	0.316***	0.325***	0.329***	0.301***	0.303***
	本地合作	0.079	0.059	0.077	0.081	0.044	0.061	0.077	0.081	0.048	0.039
	本地竞争	0.119+	0.164*	0.120+	0.119+	0.176**	0.124+	0.119+	0.121+	0.136*	0.176**
	本地业外	0.015	0.040	0.013	0.026	0.024	0.044	0.011	0.003	-0.013	-0.002
	外地合作	0.426***	0.450***	0.432***	0.420***	0.484***	0.424***	0.435***	0.420***	0.398***	0.429***
	外地竞争	0.098	0.059	0.096	0.098	0.045	0.091	0.097	0.100	0.093	0.059
	外地业外	-0.225*	-0.274*	-0.221*	-0.231*	-0.261*	-0.235*	-0.218*	-0.213+	-0.146	-0.194+
解释变量	|本合-外合|		-0.184**			-0.220**					-0.165*
	|本竞-外竞|			0.019		0.071					0.060
	|本外-外外|				-0.031	0.037					0.006
	本合×外合						0.112+			0.242**	0.158+
	本竞×外竞							-0.032		-0.075	-0.008
	本外×外外								-0.023	-0.164*	-0.141+
	F-value	14.032***	14.121***	12.701***	12.730***	12.066***	13.277***	12.733***	12.708***	11.966***	10.098***
	R^2	0.442	0.469	0.443	0.443	0.474	0.453	0.443	0.443	0.472	0.486
	Adj. R^2	0.411	0.436	0.408	0.408	0.435	0.419	0.408	0.408	0.433	0.438

注：+表示显著性水平 $p < 0.1$；*表示显著性水平 $p < 0.05$；**表示显著性水平 $p < 0.01$；***表示显著性水平 $p < 0.001$（双尾检验）；表格中显示的是标准化系数。

假设 2b 预测集群企业从本地竞争者处搜寻知识与从外地竞争者处搜寻知识所保持的联合均衡对企业创新绩效产生积极影响,根据模型 7、模型 9 和模型 10,该假设没有得到实证支持。

假设 2c 主要是预测企业从本地产业外组织处搜寻知识与从外地产业外组织处搜寻知识保持的联合均衡对企业创新绩效产生的影响。假设 2c1 认为保持两者之间的联合均衡能够对企业创新绩效产生积极影响,与此相反,假设 2c2 认为在产业外组织知识上的过多投入会对企业创新绩效产生不利影响。模型 8 表明,在单个自变量下,两者之间无显著相关关系;但是模型 9 和模型 10 的实证结果表明,在多个自变量条件下,两者之间呈显著的负相关关系。因此,我们认为假设 2c1 不成立,假设 2c2 得到实证支持,即本外×外外越大,集群企业产品创新绩效越小。

3. 结果讨论

本研究探讨了集群企业本地搜寻和外地搜寻的匹配均衡和联合均衡对于企业创新绩效的影响,得出了一些富有实际意义的研究结果。对于得到实证结果支持的几个假设来说,第一,本地合作和外地合作的联合均衡对企业产品创新绩效产生积极影响,即集群企业搜寻本地合作者和外地合作者知识的程度的乘积越大,越能对企业的产品创新绩效产生积极影响。研究结果证明,企业从本地合作者处搜寻知识与从外地合作者处搜寻知识能够产生协同作用,两者的协同作用越大(两者乘积越大),则越能对企业的创新绩效产生积极影响。第二,本地合作和外地合作的匹配均衡值越小,企业创新绩效越大。这个结果意味着集群企业在本地合作和外地合作的程度上的差异越小,对企业创新绩效的影响就越大。第三,本地产业外组织和外地产业外组织的联合均衡负向影响企业的产品创新绩效。产业外组织的知识对于企业来说既是新的,但是搜寻成本也很大。从实证结果来看,企业从本地产业外组织处搜寻知识与从外地产业外组织处搜寻知识的程度的乘积越大,对企业产品创新绩效的影响越小。对此结果,从理论方面来分析,可能是由于搜寻成本和对新知识的整合问题而导致对企业的创新绩效产生负向影响(Ahuja & Katila,2004;Phene et al.,2006)。

另外,本研究的实证结果并不支持如下几个假设:①集群企业在本地竞争者和外地竞争者处搜寻知识上保持的匹配均衡对集群企业的创新绩效产生积极影响;②集群企业在本地竞争者和外地竞争者处搜寻知识上保持的联合均衡对集群企业的创新绩效产生积极影响;③集群企业在本地产业外组织和外地产业外组织处搜寻知识上保持的匹配均衡对集群企业的创新绩效产生积极影响。通过第二章和第三章的研究可以知道:①集群企业搜寻本地竞争者知识对企业创新绩效产生积极影响,搜寻外地竞争者知识对企业创新绩效的影响不显著;②搜寻本地产业外组织知识对企业创新绩效的影响不显著,搜寻外地产业外组织知识对企业创新绩效产生负向影响。

因此,针对不显著的结果进行解释方面:

(1)对于竞争者来说,本地竞争者对企业的影响更为显著。企业通过时时刻刻关注本地竞争者的动态,搜寻本地竞争者知识然后实现运营模式、产品等方面的差异而达到创新的目标。对于外地竞争者知识来讲,企业会关注差异,但是这种差异并不足以导致企业创新。正如知识可以区分为显性知识和隐性知识,隐性知识对企业的创新绩效影响更大,但是显性知识对企业的创新来说也是不可缺少的。从这个角度来考虑以上结果,本地竞争者知识对于企业创新的影响是显著的,而外地竞争者知识对于企业创新来说是并不是非常重要但又是不可缺少的。因为两种知识对于企业创新绩效贡献程度的差异,企业在搜寻本地竞争者知识和外地竞争者知识上保持的匹配均衡并不会对企业创新绩效产生积极影响。同理,企业在搜寻本地竞争者知识时并不会由此促进外地竞争者知识对企业创新产生积极的影响,即两者并不会因此产生很大的协同作用。所以,企业在搜寻本地竞争者知识和外地竞争者知识上保持的联合均衡并不会对企业创新绩效产生积极影响。

(2)对于产业外组织来说,企业在搜寻本地产业外组织知识和外地产业外组织知识上采取的匹配均衡,即保持两者同样大小对于集群企业的创新绩效并没有显著影响。结果并不显著的原因之一可能是因为两个知识来源对于企业创新绩效的影响引起的,即本地产业外组织对企业创新绩效没有显著影响,外地产业外组织对企业创新绩效产生负的影响;原因之二可能是由于知识结构上的差异,产业外组织知识有可能导致企业的突破性创新(Phene et al. ,2006),但是在当前发展中国家产业集群条件下,产业内知识对于企业创新绩效的影响会更大。因此,企业在两种知识上都投入同样多的资源并不会显著影响企业的创新绩效。

4.3.4 竞争者导向、双元学习均衡与集群企业创新绩效

1.研究假设

集群企业通过创新搜寻来实现成功的产品创新正在受到学术界和业界的高度关注,已经开始涌现出一系列富有启示的研究成果,以指导企业实践。但是,现有学术界对集群企业创新搜寻的研究大多以企业自我中心为导向,也就是把创新搜寻完全视作企业自身的战略性或主动性行为,而且,这些行为较少受到竞争者行为的影响。根据博弈论,我们可以推理,由于集群企业同处在一个高度竞争性的市

场之中,当某家集群企业开展创新搜寻时,其他竞争者企业同样会实施创新搜寻战略。这就产生了一个值得关注的问题:竞争者创新搜寻行为对集群企业的创新搜寻绩效会产生什么样的影响?

根据前述研究,我们可以将集群企业的创新搜寻战略分为四大类:本地搜寻宽度战略、本地搜寻深度战略、外地搜寻宽度战略以及外地搜寻深度战略。这四种搜寻战略对集群企业的产品创新都会产生影响,但其影响的方式和程度是有差别的。但我们关心的是:当竞争者同样采用这四种创新搜寻战略时,每一种创新搜寻战略对集群企业的产品创新绩效有什么样的影响?因为当竞争者也积极通过创新搜寻形成创新性产品时,竞争导致集群企业的创新性产品的市场价值可能被弱化,此时市场上已经有更多的新产品,集群企业的新产品难以受到格外的关注和青睐。所以,我们可以推理,当集群企业在实施创新搜寻战略时,如果将竞争者的因素考虑进去,其创新搜寻绩效也将更优。

事实上,实践中的集群企业已经在创新搜索中纳入了竞争者导向的思维,经常通过直接和间接的方式了解竞争者的创新搜寻和产品创新活动,在此基础上确立自身的创新搜寻战略方向和路径。这是完全符合现代企业管理和创新理论的,但很可惜,现有研究还较少将竞争者因素纳入创新搜寻的分析框架中。所以,本研究尝试分析考虑了竞争者创新搜寻因素后的集群企业创新搜寻战略对企业产品创新绩效的影响。我们提出四个基本假设:

假设 1:集群企业采用比竞争者更宽的本地搜寻战略,其产品创新绩效更好。

假设 2:集群企业采用比竞争者更深度的本地搜寻战略,其产品创新绩效更好。

假设 3：集群企业采用比竞争者更宽的外地搜寻战略，其产品创新绩效更好。

假设 4：集群企业采用比竞争者更深度的外地搜寻战略，其产品创新绩效更好。

2. 研究方法

本研究的变量测量方法如下：

（1）产品创新。在本研究中，新创集群企业的产品创新绩效的测量采用 Zhang 和 Li（2010）的 5 个条款。该测量方法对于中国新创企业的有效性已得到多次确认。我们要求被调查者评价其所在企业相对于主要竞争者在如下方面的表现：①导入新产品的频率；②业内首次导入新产品的次数；③导入新产品的速度；④新产品的质量水平；⑤使用新产品开拓市场的进展。Likert 五点量表中，1 表示很低，5 表示很高。

（2）本地和外地搜寻广度。本研究采用 Laursen 和 Salter（2006）、Sofka 和 Grimpe（2009）对搜寻广度的测量方法。这些研究将搜寻广度定义为企业创新搜寻的范围。参考这些研究所采用的社区创新调查方法，本研究的外部创新搜寻对象具体包括供应商、客户、竞争者、其他行业的企业、面向本行业的研发机构，面向其他行业的研发机构、专业性会议和论坛机构、大学、中介服务机构和会展机构十类。在此基础上，将这十类对象分别具体化为十类本地对象和十类全球对象。本研究中，本地是指产业集群所在的县市区域，这符合国外相关研究用邮政编码来定义产业集群区域的通常做法。这样，本地和外地搜寻广度战略的取值分别在 0～10。由于本研究考虑了竞争者因素，所以，在计算集群企业的本地和外地搜寻宽度战略时要减去竞争者的本地和外地搜寻宽度战略的值。所谓竞争者是指同一个行业的其他集群企业。

（3）本地和外地搜寻深度。对搜寻深度的测量方法同样来自Laursen 和 Salter(2006)、Sofka 和 Grimpe(2009)的研究。这些研究将搜寻深度定义为对不同对象的知识的利用程度。参考该方法，我们要求被调查企业回答所在企业对十类本地对象和十类全球对象的知识的利用程度，1 表示很低，3 表示一般，5 表示高。其中，取值 5 的主体界定为深度搜寻的对象。然后，通过计算有多少家搜寻对象被深度搜寻（取值 5 的对象），其总和就是该企业搜寻深度的取值。这样，本地和外地搜寻深度的取值分别在 0～10。由于本研究考虑了竞争者因素，所以，在计算集群企业的本地和外地搜寻深度战略时要减去竞争者的本地和外地搜寻深度战略的值。

（4）控制变量。借鉴相关研究，本研究对不属于研究范围、但对产品创新绩效可能有影响的 5 个变量进行控制：企业年龄、企业规模、企业绩效、研发强度和产业类型。参考 Lee 等（2001）、Zhang 和 Li(2010)的研究，企业年龄用成立至今的年数来测量，企业规模用 2009年企业员工人数的自然对数来测量，研发强度用研发投入占销售收入的比重来测量。以前的研究表明，企业的财务绩效会影响产品创新绩效。如一些研究指出，企业绩效的增加会鼓励企业开展探索性创新活动，从而提高企业的创新绩效（Levinthal ＆ March,1981)；另外一些研究则指出，当企业绩效好时，管理者不太倾向于探索性创新，因此企业绩效不会增强企业的创新绩效（Cyert ＆ March,1963)。所以，本研究也将控制企业绩效对创新绩效的可能影响。参考 Ahuja(2000)、Katila 和 Ahuja(2002)、Hitt、Hoskisson、Johnson 和 Moesel(1996)的方法，我们也采用资产收益率来测量企业绩效。最后，我们创造产业类型变量，1 表示企业处于高新技术产业，0 指企业属于非高新技术企业。

我们将对相关变量进行相关分析的基础上,采用 OLS 回归分析方法对四个研究假设进行实证检验。在分析时,我们还对多重共线性问题进行了检验,VIF 值小于 10 表明本研究不存在严重的多重共线性问题。

3.研究结论

本研究的假设认为,集群企业采用比竞争者更宽的本地搜寻战略,其产品创新绩效更好。分析结果表明,本地搜寻宽度与集群企业产品创新绩效之间存在着正相关关系,但回归系数在统计上并不显著($\beta=0.038$,n. s.)。因此,假设 1 没有得到数据支持。假设没有得到支持的可能原因在于,由于集群企业和竞争者同处一个区域环境,都会积极在本地搜寻各种创新知识,也就是说集群企业会倾向于充分利用本地的各种知识。在这种情况下,一家集群企业如果比竞争者还要扩展本地的创新搜寻对象,其付出的成本可能很高,因为此时集群企业需去寻找那些并不重要或者显著的本地机构,从这些机构处获取知识对于集群企业创新的贡献可能不大,所以,比竞争者更为扩展本地搜寻对象对集群企业产品创新没有产生显著的促进作用。这也说明区域创新网络一方面可以为集群企业提供创新知识,另一方面其对集群企业持续创新的作用可能是有限的。表 4-15 是描述性统计分析结果。

假设 2 认为,集群企业采用比竞争者更深度的本地搜寻战略,其产品创新绩效更好。回归分析结果显示,本地搜寻深度与集群企业的产品创新绩效之间存在着显著的正相关关系($\beta=0.293$,$p<0.01$)。这样,假设 2 得到有力的数据支持。这个研究发现表明,尽管区域创新网络可以为集群企业和竞争者提供创新知识源,但是, 对有

表 4-15　描述性统计分析结果

	Mean	S.D.	1	2	3	4	5	6	7	8	9
1. 创新绩效	3.18	0.80									
2. 企业年龄	11.96	6.96	0.12†								
3. 企业规模	5.43	1.30	0.35***	0.38***							
4. 研发强度	0.06	0.07	0.10	0.03	0.15*						
5. 企业绩效	0.18	0.16	0.13†	0.11	0.15*	0.11†					
6. 行业类型	0.53	0.50	-0.01	-0.27***	-0.17*	-0.15*	-0.14*				
7. 本地搜寻宽度	0.04	2.23	0.26***	0.07	0.00	0.08	0.19**	-0.03			
8. 本地搜寻深度	0.00	2.50	0.45***	0.02	0.17**	0.08	0.11	-0.07	0.37***		
9. 外地搜寻宽度	0.00	3.48	0.39***	0.20**	0.26***	0.05	0.10	-0.18**	0.58***	0.36***	
10. 外地搜寻深度	0.00	2.34	0.39***	-0.04	0.14*	-0.06	0.01	-0.08	0.20**	0.64***	0.40***

注：† 表示显著性水平 $p < 0.10$，* 表示显著性水平 $p < 0.05$，** 表示显著性水平 $p < 0.01$，*** 表示显著性水平 $p < 0.001$（双尾检验）。

些有价值的知识的利用需要深入互动,也就是说,简单的知识外溢和间接模仿还不足以对集群企业的产品创新产生实质性的影响。因为,此时的竞争者同样也享有知识外部和简单模仿的好处。所以,集群企业必须采取比竞争者更为深度的本地知识搜寻战略,如与本地客户、供应商、科研机构等建立起紧密的联系,以获取对创新有重要作用的知识尤其是非编码知识。

假设 3 认为,集群企业采用比竞争者更宽的外地搜寻战略,其产品创新绩效更好。回归分析结果显示,外部搜寻宽度与集群企业的产品创新绩效之间存在着显著的正相关关系($\beta = 0.167, p < 0.05$)。假设 3 得到了数据支持。这个结果表明,目前发展中国家的集群企业都很重视对外地尤其是国外先进知识和技术的获取和学习,但是,真正对集群企业产生实质性影响的外地搜寻行为时比竞争者更能够从更多的知识源获取知识,否则没法获取差别化的知识,也就难以开发出富有创新性的产品。这个结果也可以说明,为什么发展中国家的集群企业尽管很积极地参加国外各自产品展销会和博览会,但其作用可能比较有限,因为当大家都采取这种战略时,大家可以学习到的知识可能是高度雷同的,特定集群企业的差异化和创新优势的形成就比较困难。类似的,假设 4 认为集群企业采用比竞争者更深度的外地搜寻战略,其产品创新绩效更好。回归分析结果显示,外地搜寻宽度与集群企业的产品创新绩效之间存在着显著的正相关关系($\beta = 0.139, p < 0.1$)。假设 4 得到数据支持。这个研究结论同样说明了在集群企业开展创新搜寻时考虑竞争者因素的重要性。

回归分析结果见表 4-16。

表 4-16　回归分析结果

	模型 1	模型 2
企业年龄	−0.005	0.011
企业规模	0.344***	0.247***
研发强度	0.052	0.052
企业绩效	0.079	0.047
行业类型	0.067	0.108[+]
本地搜寻宽度		0.038
本地搜寻深度		0.293**
外地搜寻宽度		0.167*
外地搜寻深度		0.139[+]
F-value	6.936***	12.154***
R^2 squared	0.135	0.334
Adjusted R^2	0.116	0.307

注:[+]表示显著性水平 $p<0.10$；* 表示显著性水平 $p<0.05$；** 表示显著性水平 $p<0.01$；*** 表示显著性水平 $p<0.001$(双尾检验)。

从竞争者导向看,集群企业的创新搜寻战略并不是完全自我中心的战略决策,而是依赖于竞争者的创新搜寻战略。在市场化环境下,集群企业都在积极开展创新搜寻战略以支持其产品创新,但是不同企业由于内外部因素实际采取的创新搜寻行为是有差别的,而差异化的行为可能是企业竞争优势的一大来源。我们的研究发现,比竞争者更加注重本地创新搜寻和外地创新搜寻,可以为集群企业提供差异化的和高品质的知识,这为企业产品创新提供切实有效的支持。成功的产品创新则为集群企业的持续成长奠定了重要基础。来自竞争者导向的创新搜寻战略研究,要求集群企业强调对竞争者情报的收集分析,进而开展针对性的创新搜寻行为。否则,尽管集群企业实施特定的创新搜寻战略,但由于与其他集群企业相比尚未形成显著的差异,创新搜寻战略对提升集群企业的产品创新绩效无法提供实质性的帮助。

第 5 章 主要结论与政策建议

5.1 主要结论

集群是某一特定领域内相互联系的、在地理位置上集中的企业和机构的集合。在集群中,广大集群企业采取着网络化成长机制和方式,即集群企业借助区域创新网络关系从本地的企业、机构那里摄取所需的资源,通过内外部资源的整合利用实现企业的规模扩张、组织优化、制度创新。其基本特征是:集群内一个企业的成长同时依赖于在同一区域、同一产业的其他企业以及配套企业的资源能力;同时,政府的支持和组织、合作制度的营销、供应、融资以及设计中心等中介组织的建设也是企业成长的重要条件。

随着经济和社会的发展,发展中国家的集群企业升级问题得到了产业界和学术界越来越多的关注。本研究结合社会现实提出本书的研究构思:即以组织学习理论、产业集群、开放式创新和创新搜寻理论为理论依据，以创新搜寻理论为理论研究的切入视角，以发展中国家集群企业升级为研究背景，以此分析"集群企业如何通过超集群学习来实现持续成长"这一核心问题。在系统的文献综述基础上，本书把基于地理边界的创新搜寻模式和基于产业边界/来源的创新搜寻模式进行组合构建出了集群企业"地理—来源"组合搜寻模型的理论框架。遵循"理论分析—访谈和案例研究—实证研究—理论总结"的研究思路，本书采用了规范分析和实证研究相结合的方法，围绕最开始提出的核心问题进行研究，并循序渐进地回答了在研究构思环节所提出的四个研究问题：第一，基于区域创新网络的本地搜寻或学习如何影响集群企业创新和持续成长？第二，基于全球价值链的外地搜寻或学习如何影响集群企业的创新和持续成长？第三，由于本地学习和外地学习的作用各有不同，那么，集群企业如何平衡这两种学习模式以支持集群企业的创新和持续成长？围绕上述研究议题，我们开展了理论分析和调查研究。

区域创新网络促进了本地合作和知识转移，成为集群企业增强创新能力的重要动力。但是，尽管集群企业高度重视本地学习，还是出现了很多集群企业被区域创新网络锁定的现象。近年来，越来越多的研究开始指出，本地学习对集群企业创新能力的作用被夸大了。同样，尽管全球价值链有助于为集群企业创新提供多样化的异质性知识，提供了更多的创新可能性和机会，但识别和利用这些知识需要集群企业具备较高的吸收能力，还需要耗费较高的识别和整合利用成本。可见，区域创新网络与全球价值链在不同方向和层面对集群企业成长产生影响，促进区域创新网络与全球价值链的互动有助于集群企业持续成长。而且，由于集群企业在自身的发展阶段所面临的任务不同，自身的资源能力条件也各有差别，所以，不同阶段的集群企业可能采用不同的方式来利用来自区域创新网络和全球价值链的知识。

对浙江省典型集群企业的问卷调查数据的统计分析结果表明：

（1）总体上，目前浙江省集群企业对区域创新网络和全球价值链的依赖状况是：集群企业主要通过在以本地供应商、客户和竞争者为主体的区域创新网络，以国外供应商、国外客户和国外展销博览会为主体的全球价值链中获取知识，以支持其创新和成长。这一研究结论表明，集群企业与水平和垂直价值链的客户和供应商需要保持良好的互动，从创新角度看，应该积极从客户和供应商处获取创新所需的知识。同时，集群企业应该关注本地竞争者，积极从竞争者处获取知识，以支持成功的产品创新。因此，竞争者导向的思维应该不断加强。外地的展销会和博览会对于发展中国家集群企业获取外部知识也发挥着积极作用，因为它为集群企业获取各自新知识和信息提供了有价值和相对低成本的平台。

（2）由于不同成长阶段的集群企业在创新和发展中面临着不同的任务，而不同的区域创新网络和全球价值链节点可以提供不同品质的知识。所以，从集群企业生命周期视角来看，新创集群企业主要通过在以本地供应商、客户和竞争者为主体的区域创新网络，以国外客户、国外供应商和国外展销博览会为主体的全球价值链中获取知识；成长期集群企业主要通过在以本地供应商、客户和竞争者为主体的区域创新网络，以国外客户、国外供应商和国外竞争者为主体的全球价值链中获取知识；成熟期集群企业主要通过在以本地供应商、客户和展销博览会为主体的区域创新网络，以国外客户、国外供应商和国外竞争者为主体的全球价值链中获取知识，以支持其创新和成长。这就构成了区域创新网络和全球价值链与集群企业不同成长阶段之间的动态匹配关系,为集群企业实现持续成长提供了策略依据。

(3)提升企业国际市场竞争力是区域集群企业实现转型升级的关键所在。学习则是集群企业提升国际市场绩效的重要动力,但是,不同学习导向对集群企业国际市场绩效有不同影响。利用来自浙江省集群企业的问卷调查数据,本研究实证发现,从相对全球探索性学习导向(全球探索性学习/本地探索性学习)转向相对本地利用性学习导向(本地利用性学习/全球利用性学习)有助于集群企业国际绩效的持续成长。该研究结论为集群企业的绩效改进与持续成长提供了策略依据。这一研究为国际化发展的区域集群企业提供了很好的战略支持,因为集群企业在国际市场上运作面临更为复杂多变的环境,对产品创新等提出了更高的要求,所以,客观评价本地和外地探索性学习、本地和外地利用性学习这四种学习模式的作用差别,进而实施有助于集群企业持续成长的创新搜寻战略提供了经验依据。

(4)通过理论研究、访谈和案例研究发现,集群企业可以采取 6 种不同的搜寻方式,即搜寻本地合作者知识、本地竞争者知识、本地产业外组织知识、外地合作者知识、外地竞争者知识和外地产业外组织知识等。实地访谈和案例研究表明,从本地搜寻到的上述不同来源的知识与从外地搜寻到的不同来源的知识之间存在着明显的差别,这些不同类型的知识对企业创新绩效的影响方式也是不一样的。具体地说,集群企业从本地竞争者和外地合作者处搜寻知识积极影响企业的创新绩效,从外地产业外组织处搜寻知识负向影响企业创新绩效,从本地产业外组织和外地竞争者处搜寻知识对企业的创新绩效没有显著的促进作用,而从本地合作者处搜寻知识对企业创新绩效的影响并不稳定。因此,从外地合作者和本地竞争者处搜寻知识对企业创新将产生积极影响;在集群企业创新搜寻对象较少的情况下,从本地合作者处搜寻知识对于集群企业创新绩效产生积极影响,但是随着搜寻对象的增加,从本地合作者处搜寻知识将不会对企业创新绩效产生影响;虽然外地产业外组织的知识较为新颖,但是企业在这方面过多的投入将会对企业的创新绩效产生负向影响;集群企业从本地产业外组织和外地竞争者处搜寻知识不会显著影响企业创新绩效。

（5）集群企业在从本地搜寻不同来源的知识与从外地搜寻不同来源的知识上保持的匹配均衡和联合均衡对企业创新绩效有着不同的影响。对于联合均衡来说,集群企业在从本地合作者和外地合作者处搜寻知识上保持的联合均衡对企业创新绩效有积极的促进作用,集群企业在从本地产业外组织和外地产业外组织处搜寻知识上保持的联合均衡负向影响企业的产品创新绩效。对于匹配均衡来说,第一,集群企业在从本地合作者和外地合作者处搜寻知识上保持的匹配均衡积极影响集群企业的产品创新绩效;第二,集群企业在从本地竞争者和外地竞争者处搜寻知识上保持的匹配均衡和联合均衡对集群企业的创新绩效没有显著影响。第三,集群企业在从本地产业外组织和外地产业外组织处搜寻知识上保持的匹配均衡对集群企业的创新绩效没有影响。

5.2　研究意义

第一,揭示集群企业的超集群学习机制与模式。现有产业集群研究强调了集群学习的重要性,对集群学习的类型、模式、路径与机理等进行了深入研究。近年来,学者们开始意识到超集群学习的重要性,但相关研究还很滞后。我们将结合产业集群、组织学习、知识管理等多领域的知识,探究超集群学习的内涵特征,根据"地理—产业"两维矩阵架构超集群学习模式的分类框架,将极大地创新和丰富集群企业的学习机制和模式理论。

具体的,本研究构建了"地理—来源/产业"组合创新搜寻模式,并识别出了多种创新搜寻方式。创新搜寻模式有基于单边界的创新搜寻模式和基于多边界的创新搜寻模式,本书通过文献回顾、实地访谈、案例研究和实证分析等研究论证了将创新搜寻模式的地理边界和来源两个维度进行组合的合理性。在此基础上识别出了不同的创新搜寻方式:本地搜寻模式(本地合作者、本地竞争者、本地产业外组织)、外部搜寻模式(外地合作者、外地竞争者和外地产业外组织)。我们还引入宽度和深度这两个不同维度,将本地搜寻模式分为本地搜寻宽度和本地搜寻深度,将外地搜寻模式分为外地搜寻宽度和外地搜寻深度,进而分析这四种不同创新搜寻模式对集群企业创新和发展的影响。

第二,揭示超集群学习影响集群企业成长的一般机制。现有集群企业成长理论主要关注基于本地网络的网络化成长机制,强调本地网络对于集群企业成长的重要作用。尽管越来越多的研究指出本地网络/区域创新网络的锁定效应和非本地网络/全球价值链或网络的重要性,但非本地网络对集群企业成长的作用机制研究还很少。我们重点分析超越本地网络边界的超集群学习影响集群企业成长的一般机制,有助于创新和拓展集群企业的网络化成长机制理论。

本研究发现,基于区域创新网络的本地学习和基于全球价值链的外地学习对集群企业创新和成长有着不同的作用。因此,对于集群企业而言,重要的不是需不需要本地学习和外地学习,而是如何更好地发挥本地学习和外地学习各自的优势,同时规避各自的不足。因此,我们在分析了不同创新搜寻模式的各自作用或独立作用的基础上,引入了平衡或均衡的概念,基于双元均衡视角探讨了集群企业在本地和外地创新搜寻上采取不同的均衡方式对集群企业创新绩效的影响。March(1991)提出了探索性学习和利用性学习两种概念以及它们之间的矛盾,并指出组织需要保持两种学习方式的均衡。自此之后,均衡研究成了学术界关注的焦点,He 和 Hong(2004)、Cao et al.(2009)更是在 March(1991)等的基础上发展出了联合均衡和匹配均衡。本书参考和借鉴了 Cao et al.(2009)的研究思路和研究方法,将均衡概念引入到企业解决本地搜寻和外地搜寻所遇到的矛盾这一问题中。本书通过案例和实证研究后认为,企业针对本地不同来源的知识和外地不同来源的知识所采取的匹配均衡和联合均衡对于企业的创新绩效影响是不一样的。本研究通过规范分析和实证分析之后取得了富有理论意义和现实意义的理论结果,丰富和拓展了匹配均衡和联合均衡的研究。这样的研究可以更全面和深入地超集群学习影响集群企业成长的内在机制。

第三,探究集群企业的超集群学习模式与成长阶段之间的动态匹配机制。现有研究验证了集群企业的本地网络与成长阶段之间的动态匹配关系,并指出企业应超越本地网络积极开展超集群学习,但尚缺乏对超集群学习模式及其动态演进的系统研究。我们认为,不同的超集群学习模式可以帮助企业获取不同数量、不同类型的知识,为特定成长阶段的企业提供支持,但无法为企业的其他成长阶段或全部成长阶段提供支持,否则就会因知识冗余和知识不足阻碍企业持续成长。因此,集群企业的超集群学习模式与成长阶段之间存在着动态匹配关系。对动态匹配机制的系统研究,将丰富企业成长阶段决定因素理论。我们基于创新搜寻视角的实证研究为超集群学习模式与集群企业成长阶段之间的动态匹配关系提供了检验依据。

5.3 政策建议

随着全球化竞争、网络化创新和产业集群演进，我国产业集群面临着规模扩张、组织创新和技术升级的机遇与挑战，这要求广大集群企业必须树立全球竞合的理念，整合利用本地网络和全球网络的优势。本研究突破集群学习的局限，创造性地提出超集群学习机制与模式，并探寻与集群企业成长各阶段相匹配的超集群学习模式特征，有助于提出推进我国产业集群转型升级的政策建议。更为具体的，我国集群企业已经通过构建有效的本地网络实现了初步成长，现正进入新的成长阶段。本研究通过问卷调查和实地访谈，总结出超集群学习的一般机制、典型模式及其动态匹配特征，可以为集群企业实现持续成长提供经验参考。

我们的研究发现，超集群学习对于集群企业的创新和持续成长能够产生促进作用。所以，集群企业应重视外部知识对集群企业创新的积极作用，并根据知识在地理和来源上的不同而采取不同的搜寻方式。首先，随着市场竞争的日益激烈，企业单纯依靠内部资源已经很难满足自身的发展需求，难以积极应对科技的飞速发展和市场的挑战。在开放式创新模式下，企业可以同时利用内部和外部相互补充的创新资源实现创新，从而弥补内部创新资源的不足。因此，集群企业应重视外部知识对企业创新的积极作用。其次，来自本地和外地不同来源的知识会对企业的创新绩效产生不同的影响，企业应该有针对性地进行搜寻。具体地说,集群企业从外地合作者和本地竞争者处搜寻知识对企业的产品创新将产生积极影响;在集群企业创新搜寻对象较少的情况下,从本地合作者处搜寻知识对于集群企业产品创新绩效产生积极影响,但是随着搜寻对象的增加,从本地合作者处搜寻知识将不会对企业产品创新绩效产生影响;虽然外地产业外组织的知识较为新颖,但是企业在这方面过多的投入将会对企业的产品创新绩效产生负向影响;集群企业从本地产业外组织和外地竞争者处搜寻知识不会影响企业的产品创新绩效。

但是,集群企业不仅要知晓单一创新搜寻模式对集群企业创新和成长的影响,更为重要的是要把有限的资源配置到效应最优的创新搜寻上,所以,集群企业要平衡不同创新搜寻模式。也就是说,集群企业在创新搜寻上应该采取不同的均衡方式。我们的研究发现,对于联合均衡来说,企业在从本地合作者和外地合作者处搜寻知识上保持的联合均衡对企业创新绩效有积极的促进作用,在从本地产业外组织和外地产业外组织处搜寻知识上保持的联合均衡负向影响企业的创新绩效。对于匹配均衡来说,集群企业在从本地合作者和外地合作者处搜寻知识上保持的匹配均衡积极影响集群企业的创新绩效,根据实证方法和实证结果可以知道,集群企业从本地合作者和外地合作者处搜寻知识的程度差异越小,对集群企业的创新绩效影响越大。总之,对于集群企业来说,同时追求从本地合作者处和外地合作者处搜寻知识上的联合均衡和匹配均衡对于企业的创新绩效将产生积极的影响,同时应避免在搜寻本地产业外组织知识和外地产业外组织知识上投入过多的资源。

很重要的,我们的研究发现,不同创新搜寻模式对于不同成长阶段的集群企业创新和成长有着不同的作用。这意味着各种创新搜寻模式与集群企业成长阶段之间存在着一定的动态匹配关系。所以，对于特定的集群企业而言，需要首先明确自己所处的成长阶段，根据该成长阶段的创新和成长任务来实施针对性的创新搜寻战略。此外，我们的研究也指出，集群企业在创新搜寻中应该考虑竞争者的因素，因为竞争者也同样开展着创新搜寻战略。因此，根据竞争者的创新搜寻行为和战略来实施特定的创新搜寻行为，才能真正发挥特定创新搜寻的作用。

那么，如何增强集群企业的创新搜寻能力呢？对于集群企业而言，企业不仅需要知道什么样的创新搜寻模式有助于特定成长阶段的集群企业，有助于特定产业和外部环境下的集群企业，还要掌握如何增强创新搜寻能力的策略。

第一，增强企业家的创新搜寻意识。在开放式创新成为当前创新的主导模式的背景下，集群企业要想在创新活动中赢得优势地位，就需要主动规划和实施创新搜寻活动。而对于广大产生了特定区域环境的集群企业而言，不仅企业规模相对较小，企业自身的资源能力相对有限，就格外需要从外部获取知识。但是，嵌入在特定区域环境的集群企业，也可能习惯于熟悉的区域环境，缺乏主动跨越区域环境边界去搜寻知识的意思和动力。我们的实地调研也发现，一些集群企业相对比较封闭，只关注本区域内的竞争与合作行为，对于全球范围内的市场动态和技术变革趋势等缺乏足够的了解。企业家是企业对外进行知识搜寻的关键主体，可以作为启动者和代理人。所以，集群企业的创新搜寻战略需要企业家的积极行动。

第二，集群企业同时需要积累一定的相关知识基础。尽管外部的知识获取有助于集群企业开展创新活动，但是，如果获取的外部知识与企业现有知识比较类似，就会存在知识冗余的情况；如果获取的外部知识与企业现有知识差别较大,企业会存在消化吸收的难题。因此,企业通过投入一定的研发费用,逐渐积累一定的知识基础,不仅有助于集群企业更有效地去识别和获取外部的先进知识,也有助于集群企业将所获取的外部知识加以有效地消化吸收。只有具备了一定的消化吸收能力,集群企业的外部知识搜寻活动才能起到有效的作用。

　　第三,集群企业需要寻找低成本的创新搜寻方式和路径。我们的研究表明,本地搜寻和外地搜寻对于集群企业的创新和成长具有促进作用,但是,外部的创新搜寻也是有成本的,尤其是外地搜寻需要更好的成本。所以,如何以较低的成本成功获取创新所需的知识是集群企业需要重点考虑的。根据相关研究,利用与中介服务机构建立联系,可以降低外部创新搜寻的成本,同时还可以拓展外部创新搜寻的范围,因此是一种相对有效的创新搜寻模式,尤其是对于中小企业和新创期集群企业。但是,中介服务机构自身的发展水平直接影响到集群企业可以选择的范围。目前,我国的中介服务业发展尚处于起步阶段,而且中介服务机构的国际化水平还不高。此时,与中介服务机构建立联系是否可以获取国外的新知识还存在疑问。所以,集群区域所在地的地方政府可以通过积极发展中介服务业为广大集群企业降低创新搜寻成本和提高创新搜寻效率提供支持。

　　第四,公共和准公共平台的建议可以促进集群企业的创新搜寻效益。除了通过加快发展中介服务业来促进集群企业的创新搜寻,我们的研究还表明,产品展销会和博览会等具有公共和准公共性质的平台可以帮助集群企业有效获取知识。目前,许多集群企业通过参加各类国际性的展销会和博览会来了解市场和技术的发展态势。地方政府还可以主动组办类似的活动,为区域集群企业以低成本获取创新所需的知识。这样,区域创新网络才不会陷入封闭的危险,因为经常性的外部新知识的流入,可以有效地激活区域创新主体。

第五,尽管外部创新搜寻可以成为集群企业实现创新和持续成长的战略,但这种战略的有效性还依赖于区域的创新保护环境。我国的知识产权保护力度正在不断加大,但集群区域内的模仿创新现象还很普遍,一定程度上减弱了一些集群企业主动创新的积极性。创新搜寻是一种有成本的战略行为,如果创新搜寻的成果无法得到有效的保障,那么,集群企业就会陷入模仿创新的循环,最终导致区域内缺乏足够的创新性知识,不利于整个产业集群的可持续发展。

第六,要发挥龙头集群企业在创新搜寻和知识外溢方面的作用。尽管我们不主张无规则的模仿创新,但是,创新活动也存在一定程度的知识外溢可能性。这种知识外溢也带动了一些集群企业的发展。在区域创新体系中,龙头企业在引导产业创新和发展方面起着重要作用。龙头企业往往更为善于把握市场和技术的发展态势,因此往往开展了更具战略性的创新搜寻活动。这为区域内的其他集群企业在开展创新搜寻活动时提供了有价值的参考,可以一定程度地降低创新搜寻的成本。这也是引入竞争者导向对于集群企业有效实施创新搜寻战略的重要性。

本研究主要从组织学习和创新搜寻视角研究超集群学习对集群企业创新和持续成长的影响,基于浙江省若干典型产业集群的调查研究得到了一些具有重要实践指导意义的研究结论。但我们的研究也存在一些不足,有待后续研究加以完善:

第一,我们的研究只针对来自浙江省的产业集群样本。尽管浙江省的产业集群在中国乃至全球都具有较强的典型意义,但浙江省的产业集群大多为传统产业和外向型产业集群,这样,基于浙江省产业集群的研究结论是否具有普遍价值还需要进一步检验。很有意思的是,未来研究可以分析来自其他发展中国家的产业集群,如印度、巴西等国家的产业集群及其创新升级问题,而且,开展相关的跨国比较研究具有重要的学术价值。来自发达国家的产业集群的发展轨迹和经验是否值得发展中国家的集群企业进行经验借鉴也值得进一步探索。同时,高新技术产业集群、战略和新兴产业集群研究也具有重要价值,是否这些产业集群与现有研究在理论上具有一致性? 如果这些产业集群的特性导致现有理论缺乏解释力,那么,产业集群理论研究就存在拓展的必要性。

第二,尽管我们的研究强调集群企业持续成长这一具有时间演变维度,但是,我们的研究样本和数据只是横截面的,所以,基于横截面数据开展具有纵向含义的研究缺乏足够的依据。未来的研究更加需要强调案例研究,尤其是纵向的跟踪性案例研究,以深入剖析超集群学习是如何影响集群企业的创新和持续成长的。对于大样本的统计分析,为了实现理论与方法的匹配,采用时间序列数据的研究值得鼓励,尽管采集企业层面的时间序列数据尤为困难。

第三,我们的研究主要从地理和产业或来源这两个维度来解析超集群学习的含义,事实上,超集群学习可以是一个多维度的概念。未来研究也可以尝试从时间维度开展研究,因为知识可以分为新知识和旧知识,这些不同类型的知识对于集群企业的创新和成长具有不同的影响。同时,我们还可以从知识的相关性开展研究,相关知识和非相关知识对于集群企业创新和成长的作用也可能是有差异的。所以,未来可以进一步丰富多个维度,以更好地剖析超集群企业以及更深入和全面地分析超集群企业的功能。

第四,未来研究还需要纳入调节效应研究。我们的研究还没有系统考虑企业的吸收能力、外部环境的影响，可以预期，超集群学习对集群企业创新和成长的作用在一定程度上会依赖于集群企业的特定内外部因素。其中，企业的吸收能力在理论上是一个关键性的调节变量，因为外部知识搜寻是否能够转化为绩效，还需要集群企业自身已有一定水平的吸收能力。我们的研究考虑了企业研发投入这个可以表征企业吸收能力的因素，但我们还没有把它作为调节变量来研究。我们的研究已经考虑到了外部环境动态性的调节作用，但外部环境是一个多维的变量，如竞争性、复杂性、宽容性等，这些维度作为调节变量的研究值得鼓励。同时，外部环境不仅是市场环境，还存在制度和文化等非市场环境，非市场环境的作用不容忽视，尤其对于发展中国家的集群企业而言。因为在发展中国家，集群企业的发展在很大程度上要受到正式制度和非正式制度的影响，如对知识产权的保护、对创新失败的宽容程度，等等。

第五，在全球价值链和全球生产网络背景下研究区域集群企业的创新和成长问题还值得鼓励。尽管现有研究已经开始关注全球价值链对于集群企业发展的深刻影响，但现有研究还很少基于组织学习和创新搜寻理论进行实证研究。我们认为，全球价值链理论为研究集群企业转型升级问题提供了可行的理论和方法框架，而组织学习和创新搜寻理论则可以为更加深入地分析全球价值链对集群企业的影响提供新的视角。因为组织学习和创新搜寻理论强调集群企业主动性的学习行为，而不是被动地接受来自全球价值链的知识外溢，这可以解释为什么不同集群企业存在创新能力和成长能力的差异。

参考文献

[1] Ahuja G. & Katila R. Where do resources come from? The role of idiosyncratic situations. *Strategic Management Journal*, 2004, 25 (8—9):887-907.

[2] Ahuja G. & Morris Lampert C. Entrepreneurship in the large corporation: A longitudinal study of how established firms create breakthrough inventions. *Strategic Management Journal*, 2001, 22 (6—7):521-543.

[3] Albino V., Carbonara N. & Petruzzelli A. External knowledge sources and proximity: towards a new geography of technology districts. Paper presented in Regional Studies Association International Conference: Regions in Focus, 2nd-5th April 2007, Lisbon.

[4] Amin A. & Cohendet P. *Architecture of Knowledge: Firms, Capabilities and Community*. New York: Oxford University Press, 2004.

[5] Andersen P. H. Regional clusters in a global world: production relocation, innovation, and industrial decline. *California Management Review*, 2006(49): 101-122.

[6] Andriopoulos C. & Lewis M. W. Exploitation-exploration tensions and organizational ambidexterity: Managing paradoxes of innovation. *Organization Science*, 2009, 20 (4):696-717.

[7] Asheim B. T. & Vang J. Regional innovation systemsin Asian countries: a new way of exploiting the benefits of transnational corporations. Innovation: Management. *Policy & Practice*, 2006, 8(1—2): 27-44.

[8] Atuahene-Gima K. Strategic decision comprehensiveness and new product development outcomes in new technology ventures. *Academy of Management Journal*, 2004, 47 (4):583-597.

[9] Audretsch D. B. & Feldman M. P. R. & D spillovers and the geography of innovation and production. *The American Economic Review*, 1996, 86 (3):630-640.

[10] Bathelt H., Malmberg A. & Maskell P. Clusters and knowledge: local buzz, global pipelines and the process of knowledge creation. *Progress in Human geography*, 2004, 28 (1):31.

[11] Belussi F. In search of a useful theory of spatial clustering: agglomeration versus active clustering, In B. Asheim P. Cooke & R. Martin (Eds.). *Clusters and Regional Development: Critical reflections and explorations*, London: Routledge, 2006:69-89.

[12] Beugelsdijk S. & Cornet M. A Far Friend is Worth More than a Good Neighbour: Proximity and Innovation in a Small Country. *Journal of management and governance*, 2002, 6 (2):169-188.

[13] Bogenreider I. & Nooteboom B. Learning groups: what types are there? *Organization Studies*, 2004, 25 (2): 287-314.

[14] Boschma R. Proximity and innovation: a critical assessment. *Regional Studies*, 2005, 39 (1):61-74.

[15] Boschma R., Eriksson R. & Lindgren U. How does labour mobility affect the performance of plants? The importance of relatedness and geographical proximity. *Journal of Economic Geography*, 2009, 9 (2):169-190.

[16] Boschma R. A. & Ter Wal A. L. J. Knowledge networks and innovative performance in an industrial district: the case of a footwear district in the South of Italy. *Industry and Innovation*, 2007, 14 (2): 177-199.

[17] Bresnahan T., Gambardella A. and Saxenian A. " Old economy" inputs for " new economy" outcomes: cluster formation in the new Silicon Valleys. *Industrial and Corporate Change*, 2001(10): 835-860.

[18] Butler J. E. and G. S. Hansen. Network evolution, entrepreneurial success, and regional development. Entrepreneurship and Regional Development, 1991(3): 1-16.

[19] Cantwell. *Technological Innovation and Multinational Corporations*. Blackwell: Oxford, 1989, 138-139.

[20] Camagini R. *Innovation Networks: Spatial Perspectives*. London: Beelhaven-Pinter, 1991.

[21] Cassiman B., R. Veugelers. R&D cooperation and spillovers: some empirical evidence from Belgium. *American Economic Review*, 2002, 92(4), 1169-1184.

[22] Cao Q., Gedajlovic E. & Zhang H. Unpacking organizational ambidexterity: Dimensions, contingencies, and synergistic effects. *Organization Science*, 2009, 20 (4):781-796.

[23] Chaminade C. & Vang J. Globalisation of knowledge production and regional innovation policy: supporting specialised hubs in developing countries. *Research Policy*, 2008, 37(10): 1684-1696.

[24] Chandler A. D. *Strategy and Structure: Chapters in the History of American Industrial Enterprise*, Cambridge: Massachusetts: MIT Press, 1962.

[25] Chandler A. D. *Scale and Scope*. Cambridge, Massachusetts: Belknap Press,1990.

[26] Chen J., Chen Y. & Vanhaverbeke W. The influence of scope, depth, and orientation of external technology sources on the innovative performance of Chinese firms. *Technovation*, 2011, 31 (8):362-373.

[27] Christensen C. M. & Overdorf M. Meeting the challenge of disruptive change. *Harvard Business Review*, 2000, 78 (2): 66-77.

[28] Christian Köhler Sofka W. & Grimpe C. Selectivity in search

strategies for innovation: from incremental to radical, from manufacturing to services. ZEW Discussion Papers, 2009.

[29] Churchill C. & Lewis V. L. The five stages of small business growth. *Harvard Business Review*, 1983, 61(3), 30-50.

[30] Cohen W. M. , & Levinthal D. A. Absorptive-Capacity: a new perspective on learning and innovation. *Administrative Science Quarterly*, 1990, 35 (1):128-52.

[31] Colombo M. G. & Delmastro M. Technology-based entrepreneurs: does internet make a difference? *Small Business Economics*, 2001, 16 (3):177-190.

[32] Contractor F. J. and P. Lorange. *Why should firms cooperate? In Cooperative Strategies in International Business*. F. J. Contractor and P. Lorange, eds. Lexington Books, 1988: 3-20.

[33] Cooke P. Regional innovation systems, clusters, and the knowledge economy. *Industrial and Corporate Change*, 2001, 10 (4): 945-974.

[34] Corso M. , Martini A. , Pellegrini L. & Paolucci. E. Technological and organizational tools for knowledge management: in search of configurations. *Small Business Economics*, 2003, 21(4): 397-408.

[35] Cronbach L. J. Coefficient alpha and the internal structure of tests. *Psychometrika*, 1951, 16 (3):297-334.

[36] Cyert R. M. & G. James, March. *A Behavioral Theory of the Firm. Englewood Cliffs*. NJ: Prentice-Hall,1992.

[37] Dahl M. & Pedersen C. Knowledge flows through informal

contacts in industrial clusters: myth or reality? *Research Policy*, 2004, 33 (10): 1673-1686.

[38] Davidsson P. Continued entrepreneurship: ability, need and opportunity as determinants of small firm growth. *Journal of Business Venturing*, 1991(6): 405-429.

[39] Eisenhardt K. M. Building theories from case study research. *Academy of Management Review*, 1989,14(4):532-550.

[40] Eliasson G. *Firm Objectives, Controls, and Organization: The Use of Information and the Transfer of Knowledge within the Firm*. Dordrecht: Kluwer Academic Publishers, 1996.

[41] Enright M. J. Regional clusters: what we know and what we should know. The University of Hong Kong, 1991, November.

[42] Eriksson R., Lindgren U. and Malmberg G. Agglomeration mobility: effects of localisation, urbanisation and scale on job changes. *Environment and Planning A*, 2008(40): 2419-2434.

[43] Eriksson R. and U. Lindgren. Localized mobility clusters: impacts of labour market externalities on firm performance. *Journal of Economic Geography*, 2009, 9 (1): 33-53.

[44] Escribano A., Fosfuri A. & Tribó, J. A. Managing external knowledge flows: The moderating role of absorptive capacity. *Research Policy*, 2009, 38(1): 96-105.

[45] Fagerberg Jan & Verspagen Bart. Technology-gaps, innovation-diffusion and transformation: an evolutionary interpretation. *Research Policy*, 2002, 31(8-9), 1291-1304.

[46] Fleming L. Recombinant uncertainty in technological search. *Management Science*, 2001,47(1):117-132.

[47] Frenz M. & Ietto-Gillies G. The impact on innovation performance of different sources of knowledge: Evidence from the UK Community Innovation Survey. *Research Policy*, 2009, 38 (7):1125-1135.

[48] Ganesan Shankar Alan J. Malter and Aric Rindfleisch. Does distance still matter? Geographic proximity and new product development. *Journal of Marketing*, 2005(69): 44-60.

[49] Gertler M. S., Levitte Y. M. Local nodes in global networks: The geography of knowledge flows in biotechnology innovation. *Industry and Innovation*, 2005(12): 487-507.

[50] Gibson C. B. & Birkinshaw J. The antecedents, consequences, and mediating role of organizational ambidexterity. *Academy of Management Journal*, 2004,47(2): 209-218.

[51] Giuliani E. and Bell M. The micro-determinants of meso-level learning and innovation: evidence from a Chilean wine cluster. *Research Policy*, 2005, 34(1): 47-68.

[52] Giuliani E., Pietrobelli C. & Rabellotti R. Upgrading in global value chains: lessons from Latin American clusters. *World Development*, 2005, 33 (4):549-573.

[53] Glasmeier A. Technological discontinuities and flexible production networks: the case of Switzerland and the world watch industry. *Research Policy*, 1991(20): 469-485.

[54] Gong G. and Wolfgang Keller. Convergence and polarization in

global income levels: A review of recent results on the role of international technology diffusion. *Research Policy*, 2003(32): 1055-1079.

[55] Gordon I. R. & McCann P. Industrial clusters, complexes, agglomeration and/or social networks? *Urban Studies*, 2000 (37): 513-532.

[56] Grabher G. & Ibert O. Bad company? The ambiguity of personal knowledge networks. *Journal of Economic Geography*, 2006, 6 (3):251-271.

[57] Grant R. M. Toward a knowledge-based theory of the firm. *Strategic Management Journal*, 1996(17):109-122.

[58] Griffith R. , S. Lee et al. Is distance dying at last? Falling home bias in fixed effects models of patent citations. *National Bureau of Economic Research*, 2007.

[59] Grimpe C. & Sofka W. Search patterns and absorptive capacity: Low-and high-technology sectors in European countries. *Research Policy*, 2009, 38 (3):495-506.

[60] Grimpe C. , Sofka W. & Zimmermann J. Young, Open and International: The Impact of Search Strategies on the Internationalization of New Ventures. ZEW-Centre for European Economic Research Discussion Paper No. 09-017, 2009.

[61] Hannan M. T. & Freeman J. Structural inertia and organizational change. *American Sociological Review*, 1984(49):149-164.

[62] He Z. L. & Wong P. K. Exploration vs. exploitation: an

empirical test of the ambidexterity hypothesis. *Organization Science*, 2004, 15 (4):481-494.

[63] Hendry C., Brown J. E. The dynamics of clustering and performance in the UK opto-electronics industry. *Regional Studies*, 2006, 40(7), 707-725.

[64] Henttonen K., Ritala P. & Jauhiainen T. Exploring Open Search Strategies and Their Perceived Impact on Innovation Performance—Empirical Evidence. *International Journal of Innovation Management*, 2011, 15 (3):525-541.

[65] Huber G. P. Organizational learning: The contributing processes and the literatures. *Organization Science*, 1991(2): 88-115.

[66] Humphrey J. & Schmitz H. Governance and upgrading: linking industrial cluster and global value chain research. Institute of Development Studies Brighton,2000.

[67] Humphrey J. & Schmitz H. How does insertion in global value chains affectupgrading in industrial clusters? *Regional Studies*, 2002, 36 (9):1017-1027.

[68] Im S. & Workman Jr, J. P. Market orientation, creativity, and new product performance in high-technology firms. *Journal of Marketing*, 2004,68(4):114-132.

[69] Immelt J. R., Govindarajan, V. & Trimble, C. How GE is disrupting itself. *Harvard Business Review*, 2009, 87 (10):56-65.

[70] Jaffe A. B., Trajtenberg M. & Henderson R. Geographic localization of knowledge spillovers as evidenced by patent citations. *Quarterly Journal of Economics*, 1993, 108 (3):577.

［71］Jansen J. J. P. , Van Den Bosch F. A. J. & Volberda H. W. Exploratory innovation, exploitative innovation, and performance: Effects of organizational antecedents and environmental moderators. *Management Science*, 2006, 52 (11):1661-1674.

［72］Johannisson B. Networking and Entrepreneurial Growth. In Sexton D. and Landström H (Eds.) *Handbook of Entrepreneurship*. London: Blackwell. 2000: 368-386.

［73］Katila R. & Ahuja G. Something old, something new: a longitudinal study of search behavior and new product introduction. *The Academy of Management Journal*, 2002, 45 (6):1183-1194.

［74］Katila R. New product search over time: past ideas in their prime? *The Academy of Management Journal*, 2002, 45 (5): 995-1010.

［75］Knoben J. & Oerlemans L. A. G. Proximity and inter-organizational collaboration: a literature review. *International Journal of Management Reviews*, 2006,8(2), 71-89.

［76］Kogut B. & Zander U. Knowledge of the firm, combinative capabilities, and the replication of technology. *Organization Science*, 1992,3(2):383-397.

［77］Köhler C. , Sofka W. & Grimpe C. Selectivity in search strategies for innovation: from incremental to radical, from manufacturing to services (No. 09-066), 2009, ZEW Discussion Papers.

［78］Krafft J. Entry, exit and knowledge: evidence from a cluster in the info-communications industry. *Research Policy*, 2004, 33 (10), 1687-706.

[79] Krugman P. Increasing returns and economic geography. National Bureau of Economic Research, 1990.

[80] Krugman P. What's new about the new economic geography? *Oxford Review of Economic Policy*, 1998, 14 (2):7-17.

[81] Kumar N., Stern L. W. & Anderson J. C. Conducting interorganizational research using key informants. *Academy of Management Journal*, 1993, 36 (6):1633-1651.

[82] Laursen K. & Salter A. Open for innovation: the role of openness in explaining innovation performance among UK manufacturing firms. *Strategic Management Journal*, 2006, 27 (2):131-150.

[83] Lavie D., Kang J. & Rosenkopf L. Balance within and across domains: The performance implications of exploration and exploitation in alliances. *Organization Science*, 2011, 22 (6): 1517-1538.

[84] Lechner C. & Dowling M. Firm networks: external relationships as sources for the growth and competitiveness of entrepreneurial firms. *Entrepreneurship and Regional Development*, 2004 (15): 1-26.

[85] Leonard-Barton D. Core capabilities and core rigidities: a paradox in managing new product development. *Strategic Management Journal*, 1992, 13 (S1):111-125.

[86] Levinthal D. A. & March J. G. The myopia of learning.

Strategic Management Journal, 1993, 14 (S2):95-112.

[87] Liao Jianwen Welsch Harold & Stoica Michael. Organizational Absorptive Capacity and Responsiveness: an empirical investigation of growth-oriented small and medium-sized enterprises. *Entrepreneurship Theory and Practice*, 2003, 28 (1), 63-85.

[88] Lissoni F. Knowledge codification and the geography of innovation: the case of Brescia mechanical cluster. *Research Policy*, 2001, 30 (9): 1479-1500.

[89] Maggioni M. A., Nosvelli M. & Uberti T. E. Space versus networks in the geography of innovation: A European analysis. *Papers in Regional Science*, 2007, 86 (3):471-493.

[90] March J. G. Exploration and exploitation in organizational learning. *Organization Science*, 1991, 2 (1):71-87.

[91] Marshall A. *Principles of Economics*. London: Macmillan,1920.

[92] Maruseth P. B. and B. Verspagen. Knowledge spillovers in Europe: a patent citation analysis. *Scandinavian Journal of Economics*, 2002, 104(4), 531-543.

[93] Maskell P. Towards a knowledge-based theory of the geographical cluster. *Industrial and Corporate Change*, 2001, 10 (4):921.

[94] Maskell P., Bathelt H. and Malmberg A. Building global knowledge pipelines: the role of temporary clusters. *European Planning Studies*, 2006, 14 (8): 997-1013.

[95] Miller D. J., Fern M. J. & Cardinal l. B. The use of

knowledge for technological innovation within diversified firms. *Academy of Management Journal*, 2007, 50 (2):307-325.

[96] Morgan K. The exaggerated death of geography: learning, proximity and territorial innovation systems. *Journal of Economic Geography*, 2004, 4 (1):3.

[97] Nadvi K. & Halder G. Local clusters in global value chains: exploring dynamic linkages between Germany and Pakistan. *Entrepreneurship & Regional Development*, 2005, 17 (5): 339-363.

[98] Niosi J. & Zhegu M. Aerospace clusters: local or global knowledge spillovers? *Industry and Innovation*, 2005, 12 (1): 1-25.

[99] Nonaka I. , Toyama R. & Nagata A. A firm as a knowledge-creating entity: a new perspective on the theory of the firm. *Journal of Industrial and Corporate Change*, 2000, 9 (1): 1-20.

[100] Nooteboom B. Learning by interaction: absorptive capacity, cognitive distance and governance. *Journal of Management and Governance*, 2000(4): 69-92.

[101] Oerlemans L. & Meeus M. Do organizational and spatial proximity impact on firm performance? *Regional Studies*, 2005, 39 (1):89-104.

[102] Oinas. Localisation VS. Globalisation revisited: knowledge creation in local worlds of production. Paper presented at 2000 residential conference of the IGU commission on the

Organization of Industrial Space. Dong guan, China, 2000 (8): 8-11.

[103] Peng M. W. and Heath P. The growth of the firm in planned economies in transition: Institutions, organizations, and strategic choice. *Academy of Management Review*, 1996, 21 (2): 492-528.

[104] Penrose E. T. *The Theory of the Growth of the Firm*, John Wiley, New York, 1959.

[105] Phene A. , Fladmoe-Lindquist, K. & Marsh, L. Breakthrough innovations in the US biotechnology industry: the effects of technological space and geographic origin. *Strategic Management Journal*, 2006, 27 (4):369-388.

[106] Pietrobelli C. & Rabellotti R. *Upgrading to Compete. Global Value Chains, Clusters and SMEs in Latin America*. Cambridge, MA: Harvard University Press, 2007.

[107] Porter M. Clusters and the new economics of competition. *Harvard Business Review*, 1998,76(6):77-90.

[108] Raisch S. , Birkinshaw J. , Probst G. & Tushman M. L. Organizational ambidexterity: Balancing exploitation and exploration for sustained performance. *Organization Science*, 2009, 20 (4):685-695.

[109] Rallet A. & Torre A. Is geographical proximity necessary in the innovation networks in the era of global economy? *GeoJournal*, 1999, 49 (4):373-380.

[110] Rappert B. , Webster A. and Charles, D. Making sense of

diversity and reluctance: academic-industrial relations and intellectual property. *Research Policy*, 1999(28): 873-890.

[111] Rosenkopf L. & Almeida P. Overcoming local search through alliances and mobility. *Management Science*, 2003 (49): 751-766.

[112] Rosenkopf L. & Nerkar A. Beyond local search: boundary spanning, exploration, and impact in the optical disk industry. *Strategic Management Journal*, 2001, 22 (4):287-306.

[113] Rothaermel F. T. & Alexandre M. T. Ambidexterity in Technology Sourcing: The Moderating Role of Absorptive Capacity. *Organization Science*, 2009, 20 (4):759-780.

[114] Saxenian A. The origins and dynamics of production networks in Silicon Valley. *Research Policy*, 1991(20): 423-37.

[115] Saxenian A. *Regional Advantage: Culture and Competition in Silicon Valley and Route* 128. Cambridge: Harvard University Press,1994.

[116] Schmitz H. Learning and earning in global garment and footwear chains. *The European Journal of Development Research*, 2006, 18(4): 546-71.

[117] Schutjens V. and Stam E. The evolution and nature of young firm networks: a longitudinal perspective. 2000:545-568, in Johansson, I. and P. Enlund (eds.). *Entrepreneurship, Firm Growth and Regional Development in the New Economic Geography*. Uddevalla: University of Trollhättan/Uddevalla.

[118] Scott A. J. The role of large producers in industrial districts:

a case study of high technology systems houses in southern California. *Regional Studies*, 1992(26): 265-275.

[119] Sidhu J. S. , Commandeur H. R. & Volberda H. W. The multifaceted nature of exploration and exploitation: Value of supply, demand, and spatial search for innovation. *Organization Science*, 2007, 18 (1):20.

[120] Sofka W. & Grimpe C. Specialized search and innovation performance-evidence across Europe. *R&D Management*, 2010, 40 (3):310-323.

[121] Staber U. Spatial proximity and firm survival in a declining industrial district: the case of knitwear firms in Baden-Wurttemberg. *Regional Studies*, 2001(35):329-341.

[122] Steinmetz L. L. *Critical Stages of Small Business Growth*. Business Horizons, February, 1969: 18.

[123] Streubert H. J. & Carpenter D. R. *Qualitative Research in Nursing*. Philadelphia: Lippincott,1999.

[124] Teece D. J. Profiting from technological innovation: Implications for integration, collaboration, licensing and public policy. *Research Policy*, 1986, 15 (6):285-305.

[125] Tushman M. L. & O'Reilly C. Ambidextrous organizations: Managing evolutionary and revolutionary change. *Quality Control and Applied Statistics*, 1997(42): 215-218.

[126] Uzzi B. Social structure and competition in inter-firm networks: The paradox of embeddedness. *Administrative Science Quarterly*, 1997, 42(1):35-67.

[127] UNIDO. Development of clusters and networks of SMEs. http://www. unido. org/userfiles/PuffK/SMEbrochure. pdf，2001.

[128] Visser E. J. and Atzema O. A. L. C. Beyond clusters: fostering innovation through a differentiated and combined network approach. *Evolutionary Economic Geography*，2007 (5)：1-24.

[129] Williams M. Social surveys: design to analysis. Social Research Issues，Methods and Process. Buckingham: Open University Press. Online course: http://neural. cs. nthu. edu. tw/jang/courses/isa5571，1997.

[130] Yin R. K. *Case Study Research-Design and Methods*. Thousand Oaks，CA: Sage Pubilisher，1996.

[131] Yin R. K. The case study as a serious research strategy. *Science Communication*，1981，3 (1)：97-114.

[132] Zahra S. A. & George G. Absorptive capacity: a review, reconceptualisation and extension. *Academy of Management Review*，2002，27 (2)：185-203.

[133] Zhang Y. & Li H. Innovation search of new ventures in a technology cluster: the role of ties with service intermediaries. *Strategic Management Journal*，2010，31 (1)：88-109.

[134] Zhang Y. & Li H. Innovation search of new ventures in a technology cluster: the role of ties with service intermediaries. *Strategic Management Journal*，2010，31 (1)：88-109.

[135] Zhao L. and Aram J. D. Networking and growth of young technology-intensive ventures in China. *Journal of Business*

Venturing，1995,10(5)，349-370.

[136] Zucchella A. Local clusters dynamics：trajectories of mature industrial districts between decline and multiple embeddedness. *Journal of Institutional Economics*，2006(2)：21-44.

[137] 蔡宁,吴结兵. 产业集群的网络式创新能力及其集体学习机制. 科研管理,2005(4)：22—28.

[138] 戴勇,温思雅,毛蕴诗.系统观视角下的外生型产业集群升级机理研究——以大岭山家具集群为例.学术研究，2011（8）：64—70.

[139] 盖文启,王缉慈.论区域创新网络对我国高新技术中小企业发展的作用.中国软科学,1999(9).

[140] 韩晶,王迎军.产业集群学习能力的动态模型.南京社会科学，2005(3).

[141] 李本乾.描述传播内容特征检验传播研究假设:内容分析法简介（下）.当代传播,2000(1)：51.

[142] 李利霞,黎赔肆,唐慧.间断均衡和双元均衡模式下企业多元化与绩效关系分析.南华大学学报（社会科学版），2010（2）：40—42.

[143] 李新春.企业集群化成长的资源能力获取与创造.学术研究，2007(7)：10—12.

[144] 刘洋,魏江,应瑛.组织二元性：管理研究的一种新范式.浙江大学学报（人文社会科学版），2011(6).

[145] 刘友金,黄鲁成.产业群集的区域创新优势与我国高新区的发展.中国工业经济,2001(2)：33—37.

[146] 毛凯军,李纪珍,吴贵生. 我国产业集群对外技术学习现状分

析及政策研究.科学学与科学技术管理,2007(7).

[147] 毛蕴诗,周燕.硅谷机制与企业高速成长——再论企业与市场之间的关系.管理世界,2002(6):102—108.

[148] 邱均平,邹菲.关于内容分析法的研究.中国图书馆学报,2004(2):12—17.

[149] 王缉慈,罗家德,童昕.东莞和苏州台商 PC 产业群的比较分析.中国地质大学学报(社会科学版),2003(2):6—10.

[150] 王缉慈.创新的空间——企业集群与区域发展.北京:北京大学出版社,2001.

[151] 王重鸣.心理学研究方法.北京:人民教育出版社,2001.

[152] 魏江,申军.产业集群学习模式和演进路径研究.研究与发展管理,2003(2):44-48.

[153] 邬爱其.集群企业网络化成长机制:理论分析与浙江经验.北京:中国社会科学出版社,2007.

[154] 邬爱其,方仙成.国外创新搜寻模式研究述评.科学学与科学技术管理,2012(4).

[155] 邬爱其,李生校.外部创新搜寻战略与新创集群企业产品创新.科研管理,2012,(7).

[156] 邬爱其.从"到哪里学习"转向"向谁学习"——专业知识搜寻战略对新创集群企业创新绩效的影响.科学学研究,2011(12):1906—1913.

[157] 吴波,杨菊萍.区域龙头企业的知识溢出与本地中小企业成长——基于浙江省三个产业集群中小企业调查的实证研究.科学学研究,2008(2):130—136.

[158] 吴波.FDI 知识溢出与本土集群企业成长——基于嘉善木业产

业集群的实证研究. 管理世界，2008（10）：87—95.

[159] 项保华,张建东.案例研究方法和战略管理研究.自然辩证法通讯，2005（5）：62—65.

[160] 颜士梅,王重鸣.并购式内创业中人力资源整合风险的控制策略：案例研究. 管理世界，2006(6)：119—129.

[161] 杨国枢,文崇一,吴聪贤等.社会及行为科学研究法. 重庆：重庆大学出版社，2006.

[162] 袁登华.国外目标承诺研究进展.心理科学，2005（5）：1278—1279.

[163] 张婧,段艳玲.市场导向对创新类型和产品创新绩效的影响.科研管理，2011,（5）：68—77.

[164] 张婧,段艳玲.市场导向均衡对制造型企业产品创新绩效影响的实证研究.管理世界，2011(12)：119—130.

[165] 张玉利. 企业家型企业的创业与快速成长. 天津:南开大学出版社,2003.

[166] 郑佳.创业知识的适应性学习机制及其影响因素研究.浙江大学硕士学位论文,2010.

后 记

　　在近 10 年间,我们团队在产业集群背景下企业成长机制领域开展了一系列研究,也取得了一些具有一定学术价值和实践意义的研究成果。从博士论文研究开始,我接触到了产业集群与企业成长这一学术研究领域。之所以在该领域内能够持续开展相关研究,大概可以归为天时、地利和人和。

　　天时。产业集群研究在世界范围内的兴趣有其深刻的理论背景,如新地理经济学、区域创新系统研究受到高度关注,并形成了一股研究热潮,激发了相关领域的学者涌入产业集群研究。在国内,来自北京大学、中山大学、浙江大学等高校和研究机构的一些知名教授很敏锐捕捉到了学术研究潮流,并开展了富有创新性的研究,极大地带领了国内学者进入这个新兴的研究领域。我正是在这样的历史背景下开始关注产业集群研究,并受益于这一独特的研究领域。

　　地利。在国内开展有关产业集群研究,浙江省可以算是一个不可多得的实验地。在浙江省,兴起了数百个大小不等的产业集群,如绍兴轻纺、海宁皮革、柳市低压电器、慈溪家电、嵊州领带等。作为一位浙江本地人,自小生活在产业集群这样的环境里,尽管之前尚未知晓产业集群、块状经济之类学术语言,但确实比较容易地了解身边一些产业集群的兴起和发展。如在海宁家乡,不少亲朋好友和同学在皮革、经编、家纺、太阳能热水器等行业中工作,这些行业都具有显著的产业集聚特点。我经常从他们处获得"这个行当很有发展前途"、"某某企业在行业内的作用越发重要"等之类的信息,而这些确实对我开展学术研究很有助益。

　　人和。尽管顺应了产业集群研究的潮流,也具有开展产业集群研究的优越地理优势,但我深感"人和"对于开展学术研究的重要性。我的博士生导师贾生华教授对我在产业集群领域自由探索给予了极大的鼓励,在理论构思上进行悉心指导,并多次带领我去慈溪家电、柳市低压电器和绍兴轻纺产业集群实地调研。尽管已经过去多年,当年顶着八月的热浪在乡村走访企业的情景还记忆犹新。在进入这个新兴的学术领域之时,不免有诸多困惑。我清晰地记得,当年当我向素未谋面的北京大学路风老师、中山大学李新春老师、南开大学张玉利老师等发电子邮件请教时,我总能得到这些著名教授的悉心指点。他们的帮助和鼓励给予了一位刚刚步入学术研究领域的年轻人极大的信心。这也让我体会到了国内学者们的真挚和热心。我还得到了诸多企业界和政府部门人士的大力帮助,尽管我已经记不全他们的名字,但每当我使用调查数据开展研究时,我总能回忆起点点滴滴。我还清楚地记得,在温州乐清柳市的一家乡村企业,一位不太会说标准普通话的企业管理者对照着公司的财务账簿认真地填写我的调查问卷;在广东惠州市的一个政府部门,一位从事工业经济管理的政府公务员放弃午休与我这位远道而来的学生讨论家电产业集群的发展。而他们,我都是冒昧拜访,未经他人引荐。没有他们的热心相助，我们是难以顺利开展相关研究的。我们的研究团队付出了很大的努力，他们包括李生校老师、王华锋老师、王晓婷老师、吕佳芳、余璐、郑华良、陈君达、方仙成、孙启梦、陈永波、徐宇斐、周航等同学。他们的努力和奉献极大地推动了各项研究的高效开展。我们要对国家自然科学基金委员会的资助深表谢意。没有这项资助，我们的研究将非常困难。当然，我还要感谢我的家人对我的支持和宽容，让我潜心于学术研究。

天时、天利和人和帮助我们开展相关研究，也取得了一些成果。但是，相对于国际理论前沿和企业实践，我感到我们的研究还是不足和滞后的。从理论进展上，未来研究应该更多地结合演化经济学，更多地探索产业集群的动态演化及其对集群企业成长的影响。在经过了 2008 年金融危机，国内的许多产业集群加快了演化进程，产业集群转型升级成为一大热点和难点。学术界应该借鉴相关理论前沿知识对这些重要实践变革给出更具指导价值的理论支持。我们也欣喜地看到，国内产业集群研究领域的专家学者正在为此作出贡献。从研究方法上，做出富有理论创新和实践价值的研究，要求我们采用更为严谨和细致的研究构思和方法，否则，相关研究的可靠性会受到质疑。比如，在分析因果关系时，前因后果的时间逻辑需要考虑，此时引入时间序列数据成为必需，来自截面数据的因果关系推理存在缺陷。同时，当我们在谈论一个变量（如知识搜寻或学习）对另外一个变量（企业成长或创新绩效）的影响时，如果没有考虑到样本的选择性偏差（如缺少死亡样本），其结论也可能存在偏差。随着实证方法和工具的不断改进，诸多内生性等问题都应该在研究中加以克服。否则，我们的研究还是难以真正与国际先进水平接轨。我们也欣喜地看到，国内学界在这方面的进步非常显著。

　　我们认为,基于中国背景的产业集群与企业成长研究可以在多个方面给出理论贡献。第一,中国是世界最大的新兴经济体,中国产业集群的兴起和发展与这一背景紧密相关。中国的集群企业大多为中小企业,自身资源和能力相对缺乏,外向学习则成为一个战略性内容。因此,深入分析外向学习对于集群企业成长和创新尤为重要。未来的外向学习不仅要关注学习的内容,还要考察学习的方式,更要研究学习的绩效。第二,中国是非常注重经济开放的国家,产业集群研究不仅要关注到区域创新和生产系统的重要性,全球价值链的作用不可低估。未来研究需要结合全球价值链和全球生产网络的理论,分析集群企业如何在区域创新体系和全球生产网络之间进行动态平衡。第三,尽管现有研究考虑到了龙头企业的重要性,未来研究应该更加关注新创企业的重要性,因为越来越多的理论研究和实践活动证明了新创企业对于推出产业创新和演化的独特作用。第四,上述研究大多聚焦于一定的领域边界之内,属于深挖。未来研究可以更多地尝试跨越领域边界,引入新的理论和研究方法或许能更好地解析现有实践,给出更具针对性的结论启示。

　　我们的研究仅仅是一个开始。产业集群与企业成长是一个复杂的理论领域和实践活动,需要不懈努力和敢于突破。在这个浩瀚而又快速发展的研究领域,我们的研究只是一个小小的注解,而且我们的注解远未完善,一定存在诸多不足甚至错误。但这是作者的学识和能力所致,不代表资助机构的观点。希望同仁不吝赐教,帮助我们改进完善。

邬爱其

浙江大学管理学院

2013 年 9 月 28 日

图书在版编目（CIP）数据

超集群学习与集群企业持续成长机制：创新搜寻视角
的研究 / 邬爱其，方仙成著. —杭州：浙江大学出版社，
2013.10

ISBN 978-7-308-12283-2

Ⅰ．①超… Ⅱ．①邬… ②方… Ⅲ．①企业集团—
企业发展—研究 Ⅳ．①F276.4

中国版本图书馆 CIP 数据核字（2013）第 228236 号

超集群学习与集群企业持续成长机制：
创新搜寻视角的研究

邬爱其　方仙成　著

责任编辑	朱　玲
封面设计	续设计
出版发行	浙江大学出版社
	（杭州市天目山路 148 号　邮政编码 310007）
	（网址：http://www.zjupress.com）
排　　版	杭州中大图文设计有限公司
印　　刷	杭州杭新印务有限公司
开　　本	710mm×1000mm　1/16
印　　张	11.25
字　　数	150 千
版 印 次	2013 年 10 月第 1 版　2013 年 10 月第 1 次印刷
书　　号	ISBN 978-7-308-12283-2
定　　价	32.00 元